TÊTE-À-TÊTE AVEC LES LEADERS AFRICAINS

Concevoir Et Hiérarchiser Les Structures Pour Des Résultats Systémiques

TÊTE-À-TÊTE AVEC LES LEADERS AFRICAINS

Concevoir Et Hiérarchiser Les Structures Pour Des Résultats Systémiques

DR. LUCY S. NEWMAN

PRÉFACE DE L'AMB. OMBENI SEFUE

PYXIDIA HOUSE PUBLISHERS

TÊTE-À-TÊTE AVEC LES LEADERS AFRICAINS:

Concevoir Et Hiérarchiser Les Structures Pour Des Résultats Systémiques

Pour toute demande d'information concernant cet ouvrage, veuillez contacter :

Dr Lucy S. Newman
Email: lucy@drlsnewman.com
+234 805 605 0000

Données de catalogage de la Bibliothèque du Congrès

Dr. Lucy S. Newman
TÊTE-À-TÊTE AVEC LES LEADERS AFRICAINS:
Concevoir Et Hiérarchiser Les Structures Pour des Résultats Systémiques
ISBN-13: 978-1-946530-50-9 (Broché)
ISBN-10: 1-946530-50-6 (Broché)
1. Leadership - Conseil - Essai 1. Titre
Numéro de contrôle de la Bibliothèque du Congrès: 2025948569

Édité par Winnie Aduayi
Traduit en français par Sarah Laurent

Publié à Dallas, Texas, par Pyxidia House Publishers, marque déposée de Pyxidia Concept LLD. www.pyxidiahouse.com
info@pyxidiahouse.com

Imprimé aux États-Unis d'Amérique

À la famille. Les archives historiques montrent que l'Afrique est notre premier foyer en tant qu'êtres humains. L'humanité est donc africaine depuis ses origines. La pandémie de COVID-19 l'a rappelé avec force: lorsque tout vacille, nous ne formons qu'une seule famille — l'ensemble de la race humaine.

Je suis le produit d'un réseau complexe de liens familiaux, tribaux, professionnels et sociaux, qui transcendent le genre, l'origine, la tribu, la religion, la classe sociale et le lieu, le tout nourri par des desseins divins. Dans l'esprit des paroles de l'hymne de l'Union Africaine et de la philosophie Africaine ancienne de *l'Ubuntu*, qui signifie «humanité envers les autres» et se traduit par «*Je suis ce que je suis grâce à ce que nous sommes tous*», ce livre t'est dédié, à toi, membre de cette grande famille humaine.

Remerciements

En Afrique, nous disons souvent: *«Il faut tout un village pour élever un enfant.»* Ce proverbe s'est pleinement vérifié pour la réalisation de cet ouvrage! Il a fallu l'appui de nombreuses personnes, jouant des rôles variés et inspirants, pour mener à bien ce projet. Je leur suis profondément reconnaissante et souhaite remercier tout particulièrement les personnes suivantes pour leurs contributions majeures à cette aventure éditoriale.

Je remercie sincèrement mon éditeur, Pyxidia House, d'avoir accepté de publier le manuscrit et d'avoir désigné les personnes suivantes pour participer à toutes les étapes du processus — du contrat à la relecture finale, la traduction, en passant par la correction, la mise en page, la conception, la conversion numérique et la publication. Un grand merci à Winnie Aduayi, Craig Smith, Samantha Hughes, Okiemute Somuvie, Oscar Brent, Rick Simmons, Josh Pritchard, et la traductrice, Sarah Laurent. Vous avez tous contribué à transformer le manuscrit en ce magnifique livre désormais accessible à tous. Ce fut une expérience des plus enrichissantes de travailler avec vous.

Je suis également reconnaissante envers toutes celles et ceux qui ont manifesté un grand enthousiasme pour ce projet, pris le temps de lire le manuscrit, d'en discuter et d'offrir des retours objectifs et constructifs. Je mesure le temps et la confiance que cela a représenté.

Un merci tout particulier à l'Ambassadeur Ombeni Sefue, pour avoir rédigé la préface. Votre expérience et votre parcours de diplomate et de leader africain, qui vous ont permis au fil des années de continuer à dialoguer avec les dirigeants africains et les chefs de gouvernement sur la trajectoire de l'Afrique, sont une véritable bénédiction.

À mon cher frère Idonesit, que Dieu te bénisse pour tes retours éclairés, toi qui es un Africain de la diaspora, grand voyageur et fin connaisseur des réseaux mondiaux.

À mon cher ami et époux, Dr Rotimi Gabriel Olokodana, quelle bénédiction tu es pour moi et pour notre famille. Merci non seulement d'avoir relu le manuscrit et partagé tes remarques, mais aussi d'avoir assuré la gestion du foyer pendant que je me consacrais à l'écriture.

Et que dire de mes enfants? Samson, Solomon et Noble, quel bonheur d'être votre mère, et de recevoir votre amour, votre soutien et vos encouragements tout au long de ma carrière — en particulier durant ce projet. À notre chère Esther, que Dieu te bénisse. Que le Seigneur continue de vous guider et de vous élever tous vers les destinées qui vous sont promises.

Merci à vous tous.

Table des matières

Note de l'auteure

Tête-à-tête Avec Les Leaders Africains est une discussion entre l'auteure et trois principaux types de leadership ayant un impact en Afrique, à savoir: [a] Les leaders individuels, qui aspirent à appliquer personnellement certains principes pour favoriser leur développement personnel ou professionnel. [b] Les leaders d'entreprises, responsables au premier, second ou troisième niveau d'entités telles que des organisations corporatives, des institutions, des ministères, départements et agences gouvernementales. [c] Les leaders exerçant des responsabilités sur des juridictions ou des clusters de juridictions.

Le livre a pour objectif de fournir un espace sûr pour entreprendre un cheminement personnel, afin d'accompagner le leader dans la navigation de deux enjeux principaux : comment concevoir des entités robustes favorisant l'émergence de résultats majeurs et comment tracer des voies pour faire des choix parmi des options stratégiques concurrentes. Nous vivons aujourd'hui dans un système global très dynamique, qui apprend l'art de maintenir la continuité malgré des perturbations systémiques soudaines, similaires à celles posées par la pandémie de COVID-19, les troubles sécuritaires ou d'autres situations menaçant la continuité de nos modes de vie et de fonctionnement. Les modèles d'affaires évoluent rapidement; des réalignements dans les alliances stratégiques, y compris les interactions avec les parties prenantes, offrent des opportunités de modernisation et de réorganisation, tant pour les individus, les organisations que pour les juridictions et leurs clusters. De plus, la démographie change également, notamment en Afrique.

L'intention est de permettre au lecteur de percevoir le livre comme une conversation privée en tête-à-tête avec l'auteure. *Tête-à-tête Avec Les Leaders Africains: Concevoir et hiérarchiser les structures pour des résultats systémiques est* donc présenté comme une synthèse compacte et simplifiée des concepts, sous forme de récit et de dialogue. C'est un ouvrage destiné aux personnes extrêmement occupées, qui souhaitent saisir l'essentiel et le mettre en pratique. Le livre est structuré en cinq parties, précédées d'une section introductive: Partie Un: *Le regard du lion*, qui offre une vue d'ensemble de tous les concepts clés dans le contexte africain et les opportunités qu'il présente, ainsi que des deux concepts centraux: ED4SP© et SWOTPlus©. Partie Deux: *L'individu*, qui explique comment ces deux concepts peuvent s'appliquer à un leader en tant qu'individu. Partie Trois: *L'organisation* (ou les Organisations), qui montre comment les concepts clés peuvent être appliqués à une organisation ou à un cluster d'organisations similaires, selon les industries et secteurs. Partie Quatre: *La juridiction* (ou les Juridictions), qui explique comment adapter les concepts à une juridiction ou à un cluster de juridictions situées dans des zones similaires ou voisines. Partie Cinq: *L'Élan*, partie finale qui constitue un véritable appel à l'action pour le leader, les organisations et les juridictions.

Pour tirer le meilleur parti du livre, il est conseillé de lire les parties 1 et 2 en une seule fois afin de bien comprendre les enjeux principaux. Ensuite, selon votre situation en tant que dirigeant d'une entité organisationnelle ou d'un cluster d'entités (industrie ou secteur), vous pouvez passer à la partie 3, puis à la partie 5. Si vous êtes dirigeant d'une juridiction ou d'un cluster de juridictions, ou leader d'une entité supervisant une région, une sous-région ou un continent, l'idéal est de lire les parties 1 et 2, puis les parties 4 et 5. Cependant, ma préférence personnelle est que quel que soit votre statut de leader, vous lisiez l'intégralité du livre, même les parties qui ne concernent pas directement votre position actuelle. Comprendre l'application des concepts dans tous les domaines augmente vos chances d'obtenir un véritable résultat systémique. Un lecteur rapide devrait pouvoir terminer le livre en environ quatre heures, en prenant des notes de réflexion personnelle.

J'attends avec impatience vos retours sur les questions soulevées, vos expériences dans la mise en œuvre des idées discutées et toute demande découlant de vos décisions sur les propositions présentées. Je suis à un email près et me réjouis de poursuivre cette conversation avec vous.

Avant-Propos

Ce livre érudit, unique et remarquablement exceptionnel de la Dr Lucy Surhyel Newman sur le leadership transformationnel en Afrique touche au cœur des aspirations les plus profondes du continent africain: être économiquement libre et sécurisé. La Dr Lucy Surhyel Newman a été une consultante et conseillère de confiance pour moi en 2021, lorsque je dirigeais une mission d'examen par les pairs africains en Namibie afin d'évaluer des aspects critiques du leadership et de la gouvernance dans ce pays.

J'ai siégé pendant cinq ans au Panel des personnalités éminentes du Mécanisme africain d'examen par les pairs, et durant cette période, nous avons mené de nombreuses évaluations de gouvernance en Afrique et travaillé avec de nombreux conseillers et consultants. À mon avis, la Dr Newman faisait partie des meilleurs. Je n'ai donc pas été surpris que, peu après l'achèvement de la mission en Namibie, la Dr Newman ait été invitée à jouer un rôle similaire lors d'une mission en Afrique du Sud.

J'ai moi-même été confronté aux défis de gouvernance, en particulier de nature transformationnelle, ayant travaillé comme assistant personnel auprès de deux présidents de Tanzanie pendant une période de réformes politiques et économiques profondes. J'ai également été ambassadeur du pays au Canada et aux États-Unis, ainsi que représentant permanent de la Tanzanie auprès des Nations Unies à New York. Au sein du pays, j'ai occupé les fonctions de secrétaire du Cabinet et de chef de la fonction publique. Je connais donc très bien les défis du leadership transformationnel en Afrique; c'est pourquoi j'accueille ce livre avec enthousiasme et le recommande aux lecteurs.

Dans ma fonction actuelle de président du conseil d'administration de l'Institute of African Leadership for Sustainable Development, connu en Tanzanie sous le nom de Uongozi Institute, je suis souvent mal à l'aise de constater que beaucoup de livres utilisés pour renforcer les capacités des leaders africains ne sont pas écrits par des Africains. Le livre de la Dr Newman constitue donc une expérience bienvenue et trouvera assurément une place de choix sur nos étagères.

La Dr Lucy Newman est spécialiste de l'amélioration de la performance et de la gouvernance d'entreprise, et sa passion pour le leadership transformationnel, en particulier en Afrique, était évidente lors de la mission en Namibie, tout comme sa compétence et sa connaissance du domaine. Les qualités que j'ai pu observer en elle se reflètent dans ce livre. Je salue le style narratif de la Dr Newman, qui rend l'ouvrage accessible et pratique. Il saura séduire tous types de lecteurs, tant sur le continent que dans la diaspora.

Le paradoxe qu'elle met en lumière — une Afrique si richement dotée, mais relativement si pauvre — mérite une attention renouvelée. Cette richesse et la position stratégique de l'Afrique dans l'espace mondial ont provoqué la «ruée» vers l'Afrique à la fin du XIX siècle. Malgré l'exploitation — et même le pillage — de ces ressources, beaucoup sont encore disponibles. Et le plus triste, c'est qu'à ce jour, la majorité de ces ressources n'a pas été utilisée de manière appropriée pour créer une Afrique plus prospère.

La sous-utilisation de nos ressources a été mise en évidence par la guerre en Ukraine, qui a provoqué une pénurie massive de blé en Afrique, alors que nous dépendons fortement des importations de blé en provenance d'Ukraine et de Russie, alors même que l'Afrique dispose de vastes terres agricoles et d'un climat capable de nourrir le continent et même une partie du reste du monde.

Il est regrettable que l'Union africaine, hormis sa contribution à l'indépendance et à la libération des pays Africains, n'ait pas encore réalisé la vision de ses pères fondateurs: l'intégration économique et l'unité politique. L'Afrique reste divisée, ce qui la rend faible et vulnérable face à une nouvelle ruée pour le continent. Aujourd'hui, les pays Africains eux-mêmes facilitent cette nouvelle ruée, en continuant de commercer davantage avec le reste du monde qu'entre eux.

Nous devons redéfinir nos priorités, en libérant le potentiel de nos populations et de nos ressources sur notre propre continent si nous voulons atteindre l'Agenda 2063 – *«L'Afrique que nous voulons»*. Les priorités doivent s'accompagner de plans stratégiques — à court, moyen et long terme — ainsi que de la volonté politique nécessaire pour s'y tenir sur le long terme. Nous devons adopter une attitude de persévérance, ou comme le dit la Dr Newman, maintenir l'élan: ne pas changer de cap à chaque changement de leadership est essentiel.

Je me réjouis que la Dr Newman aborde la question du développement inclusif et durable, un développement qui ne laisse personne de côté. Le niveau d'inégalités de revenus sur notre continent est inacceptablement élevé, couplé à des niveaux de chômage et de désespoir parmi les jeunes également inacceptables, ce qui constitue un risque sérieux pour la stabilité politique.

L'extraction de nos ressources naturelles et la production agricole doivent créer des emplois et des revenus pour nos pays à travers leurs chaînes de valeur et le développement du contenu local. L'ère de l'exportation de matières premières doit prendre fin maintenant, et le commerce entre pays Africains doit s'intensifier. La ZLECAf ne doit pas échouer.

Cet ouvrage a été nourri et enrichi par la vaste expérience de la Dr Newman à travers le continent, ainsi que par les nombreuses rencontres, échanges et discussions qu'elle a eus au fil des ans avec des leaders, des citoyens, des parties prenantes et des experts. Je salue ce livre pour sa capacité à simplifier des thèmes complexes et à offrir des orientations accessibles aux leaders désireux de s'engager dans un parcours stratégique de transformation susceptible de propulser l'Afrique à la place qu'elle mérite sur la scène mondiale. L'accent mis sur l'auto-analyse pour identifier les forces, les faiblesses et les risques est salutaire et essentiel, que ce soit pour un individu, une organisation ou un pays.

Tête-à-tête avec les leaders africains: Concevoir et hiérarchiser les structures pour des résultats systémiques est bien plus qu'un livre: c'est un véritable manuel destiné aux dirigeants des gouvernements, des institutions et des entreprises pour les aider à exercer un leadership transformationnel.

Je félicite la Dr Newman d'avoir écrit un ouvrage aussi nécessaire — une œuvre érudite produite par une intellectuelle africaine. Qu'un livre d'une telle importance et d'une telle pertinence pour le leadership et la gouvernance en Afrique soit écrit par une Africaine mérite d'être applaudi par des personnes comme moi, qui croient en la valeur du savoir africain au service de l'Afrique.

En recommandant ce livre aux lecteurs, j'encourage vivement d'autres universitaires africains à suivre cet exemple. Il est triste de constater que, tant d'années après nos indépendances, une grande partie des ouvrages sur notre continent soient encore écrits par des non-Africains.

Nous pouvons — et devons — agir maintenant pour corriger cette situation regrettable.

Ambassador Ombeni Sefue
Président
De l'Institute of African Leadership for Sustainable Development [Uongozi Institute], Tanzanie.

Préface

«Les dirigeants ne déplacent pas des montagnes avec des montagnes de données. Ils le font en offrant à leur public un morceau de leur cœur.» – **Carmine Gallo, 2016.**

Diamonds & Kotler (2012), dans leur ouvrage, Abundance: The Future Is Better Than You Think, affirment que, *«l'humanité entre dans une période de transformation radicale où la technologie a le potentiel d'élever considérablement le niveau de vie de chaque être humain sur la planète. D'ici une génération, nous serons capables d'offrir à tous des biens et des services autrefois réservés à une minorité de privilégiés. L'abondance pour tous est désormais à notre portée.»* Tête-à-tête *Avec Les Leaders Africains* est une conversation directe entre le lecteur et l'auteure. Le livre met l'accent sur l'Afrique comme continent en transformation et sur les différentes façons dont nous pouvons participer à ce mouvement pour produire un impact systémique, où que nous vivions ou travaillions.

Nous aborderons des questions intimes pour le dirigeant: ce qu'il doit envisager pour se positionner efficacement — en tant qu'individu, dirigeant d'une organisation, responsable d'un regroupement d'organisations, ou encore leader d'un territoire ou d'un ensemble de juridictions en Afrique. Au cours de mes échanges avec de nombreux dirigeants Africains de la diaspora, j'ai constaté que beaucoup souhaitent contribuer au développement du continent, mais peinent à savoir comment et sous quelle forme le faire. J'ai également rencontré des dirigeants d'entreprises étrangères opérant en Afrique, désireux d'avoir un impact socio-économique, mais inquiets de ne pas bien percevoir les besoins réels de leurs communautés d'accueil, car certains de leurs projets supposément adaptés échouent ou s'avèrent non durables.

La diaspora africaine est un acteur clé de la transformation du continent, et de nombreux dirigeants Africains reconnaissent aujourd'hui cette réalité émergente. Kajunju (2013), dans une tribune pour CNN intitulée, Africa's Secret Weapon: The Diaspora, rapporte que la Commission de l'Union africaine définit largement la diaspora comme *«les personnes d'origine africaine vivant en dehors du continent, quelles que soient leur citoyenneté ou nationalité, et désireuses de contribuer au développement du continent et à la construction de l'Union africaine.»* Le rapport soulignait que, grâce à leurs compétences, leur ingéniosité et leurs ressources, les membres de la diaspora sont idéalement placés pour stimuler la croissance économique et la prospérité en Afrique. Près d'une décennie plus tard, cette vérité est encore plus évidente.

En réponse, de nombreux réseaux de la diaspora africaine, centrés sur des zones géographiques ou culturelles précises, ont cherché à combler ce vide par des plateformes d'information et des échanges ciblés. Les dirigeants vivant et travaillant en Afrique, ou impliqués dans des organisations ayant des intérêts économiques sur le continent, sont en première ligne dans ce parcours de transformation. Je suis convaincue que le corridor Moyen-Orient – Asie – Afrique constitue la nouvelle frontière mondiale. Les événements depuis la pandémie de COVID-19 l'ont confirmé: l'Afrique demeure au cœur de nombreuses préoccupations, forte de juridictions diverses, chacune ayant ses propres caractéristiques, positions et dotations. Mais, en raison d'alliances sous-optimales, de faibles capacités institutionnelles et humaines, beaucoup de pays africains demeurent des pays de potentialité. Pourtant, au cours de la dernière décennie, de nombreux changements se sont amorcés: les Africains nourrissent des aspirations fortes pour leur continent et, surtout, commencent à se parler, à tracer ensemble des voies communes vers l'avenir — c'est tout le sens de l'Agenda 2063 – *l'Afrique que nous voulons.*

Diamonds & Kotler (2012), dans leur ouvrage, Abundance: The Future Is Better Than You Think, définissent l'abondance comme *«une grande vision condensée dans un laps de temps court.»* Ils ajoutent que *«les vingt-cinq prochaines années pourraient remodeler le monde, mais cela ne se fera pas tout seul.»* Les obstacles ne sont pas seulement technologiques: il faut aussi vaincre les blocages psychologiques — cynisme, pessimisme et autres entraves mentales — qui nous empêchent de croire en la possibilité de l'abondance. Cela exige de comprendre comment notre esprit façonne nos croyances, et comment ces croyances façonnent notre réalité. Le concept de leadership demeure, à travers les âges, aussi fascinant que complexe. Un ouvrage classique que j'affectionne particulièrement est celui de Bass & Stogdill (1990), Handbook of Leadership: Theory, Research & Managerial Applications, qui reste intemporel. J'en retiens notamment ces citations:

«Les définitions du leadership révèlent une évolution de la pensée, bien que plusieurs tendances se soient souvent chevauchées. Les premières mettaient l'accent sur le leadership comme centre du processus de groupe et expression d'une personnalité en action. D'autres l'ont défini comme l'art d'obtenir la conformité. Les plus récentes y voient une relation d'influence, un différentiel de pouvoir, une persuasion, une influence sur l'atteinte des objectifs, une différenciation des rôles, ou encore une attribution de comportements perçus comme typiques du leadership. Le leadership peut englober tous ces aspects.»

«Les leaders transformationnels ont été décrits comme des intellectuels, des réformateurs ou des héros visionnaires. C'est le leader transformationnel qui élève la conscience collective en articulant et incarnant des valeurs supérieures. Par son action, il suscite des aspirations nouvelles, les légitime et les traduit en exigences politiques.»

Tête-à-tête Avec Les Leaders Africains explore comment les dirigeants africains peuvent envisager des approches systémiques pour produire des résultats concrets et contribuer à l'abondance dans la transformation émergente du continent. Cette réflexion s'appuie sur la pratique consciente du leadership et sur deux concepts que j'ai développés au fil des années et protégés par droits d'auteur en 2021: la pensée systémique, le leadership transformationnel, et l'amélioration continue de la performance fondée sur une attitude d'apprentissage permanent. C'est pourquoi le lecteur trouvera dans cet ouvrage des espaces pour y consigner ses propres notes et réflexions.

Pourquoi Tête-à-tête Avec Les Leaders Africains?

«En résumé, la pensée et la planification à grande échelle consistent à définir un succès partagé, à le réaliser et à pouvoir le prouver. Il ne s'agit pas de se concentrer uniquement sur sa propre organisation, mais sur la société, maintenant et dans l'avenir. C'est une démarche de création de valeur responsable, réactive et éthique, au bénéfice de tous les acteurs» – **Roger Kaufman, 2006.**

Le continent africain présente un paradoxe frappant: il est immensément riche en ressources, et pourtant si pauvre au regard de ses dotations naturelles. Mais de profonds changements sont en cours. L'intérêt pour le continent et pour ses peuples s'accroît de manière considérable. J'aime l'Afrique, et je ne cache jamais cet amour — même si je me considère comme une citoyenne du monde et une éternelle apprentie de la vie. Ce sentiment est d'ailleurs de plus en plus partagé, notamment au sein de la diaspora et parmi les leaders Africains conscients d'eux-mêmes, avec une intensité croissante au cours de la dernière décennie. L'Afrique est en train d'émerger; par conséquent, la grande question dans ce contexte est: «*Que s'est-il passé au cours de la dernière décennie pour susciter cet intérêt pour l'Afrique?*» Je pense connaître un facteur: l'Agenda 2063: *l'Afrique que nous voulons.* Le monde attend l'épanouissement de ce magnifique continent.

Ainsi, ce livre est une conversation sur les parcours de leadership individuels à la recherche de moyens pour apporter des contributions systémiques, que ce soit en tant qu'individus, organisations, regroupements, entités juridiques ou clusters d'entités juridiques. *Tête-à-tête Avec Les Leaders Africains* est un tête-à-tête entre le lecteur et l'auteur. L'objectif est de présenter un livre qui donne l'impression au lecteur qu'il ne lit pas simplement un livre, mais qu'il est assis à côté de l'auteure pour discuter, que ce soit pendant un vol intercontinental, un long trajet en train ou un road trip. L'intention est d'amener le lecteur à réfléchir sur les concepts abordés, puis à envisager comment utiliser les informations partagées et les questions soulevées. Ce style d'écriture découle de mes presque trois décennies et demie d'expérience professionnelle, au cours desquelles j'ai travaillé en étroite collaboration avec des leaders et observé des dirigeants très efficaces. J'ai constaté que la plupart des leaders recherchent avant tout des idées pratiques simplifiées, à appréhender dans leur ensemble, et qu'ils peuvent ensuite approfondir ou adapter les éléments selon leurs besoins.

Certaines questions que de nombreux leaders m'ont posées au cours des vingt dernières années, alors que j'avais le privilège d'échanger avec eux, incluent:
[a] Comment présenter tous les aspects de mon organisation de manière condensée et simplifiée tout en montrant un équilibre ?
[b] La limitation des ressources est-elle toujours l'obstacle principal aux initiatives stratégiques?
[c] Comment prioriser et allouer rapidement les ressources à des initiatives stratégiques concurrentes?
[d] Je ne serai pas à ce poste indéfiniment; comment puis-je laisser une contribution significative avec des résultats systémiques?

La réalité est que, sauf si un leader a l'opportunité de s'appuyer sur des mentors objectifs ou des coaches exécutifs, il est rare de trouver le temps et la personne pour avoir ces conversations individuelles, en raison des contraintes de temps du leader et de la profondeur et de l'étendue des connaissances et expériences de son coach. Ces échanges requièrent également une grande vulnérabilité de la part du leader. Comme le dit le proverbe: *«On est seul au sommet»*. De plus, l'attente erronée générale est que le leader doit avoir toutes les réponses! Or, la réalité est que beaucoup de leaders très efficaces sont des apprenants de la vie, qui progressent tout en travaillant dans des délais serrés pour produire des résultats majeurs. C'est en partie pour cette raison que j'ai décidé d'écrire *Tête-à-tête Avec Les Leaders Africains* à ce moment charnière de ma carrière et à cette étape particulière de l'évolution de l'Afrique sur la scène mondiale.

Les perspectives que je partagerai s'appuient sur près de trente-cinq ans d'expérience intersectorielle, allant de postes opérationnels à des fonctions de direction (C-Suite), en passant par des missions de conseil internes et externes, des conseils d'administration et des conseils en politiques publiques. J'ai eu le privilège de participer à des collaborations et projets transjuridictionnels incluant certains partenaires de mes anciens employeurs situés aux États-Unis, en Afrique, en Asie et au Moyen-Orient. Au fil de mon apprentissage, j'ai également beaucoup appris en siégeant à des conseils, jurys et think tanks, en pilotant la conception et la mise en œuvre de programmes de développement des compétences pour dirigeants et administrateurs. Outre les études de cas à l'Université de Phoenix et à l'INSEAD, j'ai particulièrement trouvé que les discussions informelles dans des réseaux professionnels, conférences, séminaires et retraites stratégiques clients étaient profondément inspirantes et offraient des éclairages précieux, nourrissant mon désir de solutions personnalisées pour mes clients. J'ai constamment observé l'importance cruciale du contexte dans toute intervention, qu'elle soit micro (institution spécifique) ou macro (sectorielle ou juridictionnelle), selon les politiques applicables. Ces expériences m'ont permis de comprendre l'effet multiplicateur de leaders bien informés, intrinsèquement motivés, et focalisés sur la maîtrise positive de leurs points de contribution pour créer un impact, bâtir des entités performantes et diriger de manière collaborative tout en étant des acteurs actifs et contributeurs de valeur dans leur espace — que ce soit au sein d'une organisation, d'un ministère, d'un département, d'une agence ou d'un poste politique, au niveau national, sous-régional ou continental.

La conviction profonde qui m'a inspirée et largement contribué à ce livre est la suivante: lorsque des entités prospèrent, des emplois sont créés, des impôts sont payés et des services sont fournis. Lorsque des emplois sont créés, les familles bénéficient d'améliorations en matière de santé, d'éducation et de bien-être, avec des effets multiplicateurs. Lorsque les juridictions sont bien gérées, l'indice de développement humain a plus de chances de s'améliorer et l'investissement par habitant dans les citoyens et résidents peut progresser. Lorsque les sous-régions fonctionnent efficacement, les juridictions voisines partagent leurs expériences via des blocs sous-régionaux et cherchent le progrès de manière collaborative. Bien que ces projections puissent sembler idéalistes, elles ont inspiré l'écriture de *Tête-à-tête Avec Les Leaders Africains: Concevoir et hiérarchiser les structures pour des résultats systémiques*, sous forme de récit et de conversation entre le leader et l'auteure, de manière compacte et simplifiée. Mon espoir est que, comme l'a dit Gallo [2016], je ne déplacerai pas les montagnes avec des données, mais en donnant au lecteur un morceau de mon cœur de citoyenne du monde, fière d'être africain, et désireuse de voir le plus grand nombre possible de lecteurs contribuer et, pourquoi pas, partager cette transformation africaine au fur et à mesure qu'elle se déroule.

Partie Un
Le Regard Du Lion

«Les moines bouddhistes tibétains excellent dans l'art de la concentration. Ils racontent une histoire traditionnelle sur le focus, appelée «Le Regard du Lion», qui dit ceci: lorsque vous lancez une balle à un chien, il poursuit la balle. Mais lorsque vous lancez une balle à un lion, il garde son regard fixé sur vous. Quand nous racontons une histoire, notre Regard du Lion est une chose: entrer en connexion avec notre auditoire.»
– **Murray Nossel** (2018).

Comme pour tout accomplissement qui en vaut la peine dans la vie, le résultat découle d'une décision de s'engager et de se concentrer. L'apprentissage et la croissance véritables se produisent lorsque nous repoussons les limites de nos habitudes, expériences et compréhensions actuelles. C'est là que nous sommes amenés à réfléchir et à adopter des façons réfléchies d'interagir avec les autres, de nous comprendre nous-mêmes, de comprendre les cultures et l'environnement dans lequel nous évoluons. Cette forme d'apprentissage intelligent représente le summum du potentiel humain et est souvent à l'origine des réalisations les plus remarquables de l'histoire. Elle n'est ni enseignée dans nos écoles ni analysée par les professeurs ; elle résulte souvent d'une attention concentrée. Cette intense concentration déclenche toutes sortes d'idées et, lorsqu'elle est laissée libre de se développer avec le temps, quelque chose de remarquable commence à se former. En observant, en apprenant et en suivant le mouvement, nous gagnons en clarté, apprenons les règles, comprenons comment les choses fonctionnent et s'imbriquent, et à force de pratique, nous atteignons la maîtrise, ce qui nous permet de percevoir des connexions que nous n'aurions pas vues autrement.

Le leadership ou la mise en œuvre de stratégies sont des concepts très larges qui ont été documentés au fil des ans et continuent de susciter l'intérêt, surtout en période de forte dynamique, comme on l'a vu au cours de la dernière décennie et qui se poursuit. Tout d'abord, le regard du lion dans cette conversation s'appliquera à l'Afrique et au lecteur en tant que contributeur potentiel aux résultats, selon son application des idées qui seront discutées. Ensuite, je supposerai que la conversation se fait entre moi et le lecteur. Les Africains vivant sur le continent ou dans la diaspora, ainsi que les personnes ayant une forte passion ou des aspirations pour soutenir le continent dans un secteur, un pays ou sur l'ensemble du continent, sont invités à cette conversation.

Premièrement, le leader individuel; deuxièmement, le leader organisationnel ou institutionnel, qui reconnaît également la possibilité que le lecteur soit le leader d'un ensemble d'organisations au sein d'un ministère, d'un secteur ou d'une industrie. La troisième sphère concerne les juridictions ou un ensemble de juridictions dans un contexte sous-régional ou continental. Vous et moi sommes, avant tout, des individus avec notre propre existence, en tant qu'unité de l'humanité; d'où le *Leader Individuel.* Selon ces perspectives, nous opérons à différents niveaux en tant que leader au sein d'une équipe ou d'une unité fonctionnelle de la famille nucléaire, de la famille élargie, d'un quartier, d'un réseau social ou professionnel, et selon notre résidence, que ce soit dans la diaspora ou dans notre pays d'origine. Nous aborderons ces dimensions dans la Sphère du Leader Individuel à la Partie Deux. Selon notre étape actuelle ou envisagée dans notre parcours professionnel, vous et moi pouvons également être propriétaire d'une petite entreprise, gérer une entreprise familiale multigénérationnelle, être membre ou leader d'une équipe dans un domaine fonctionnel au travail, ou diriger une organisation, une institution, un ministère ou un département gouvernemental. Vous pourriez aussi lire ce livre parce que vous dirigez un ensemble d'organisations dans un secteur ou une industrie. Nous aborderons ces dimensions dans la Sphère du *Leader Organisationnel* à la Partie Trois. Enfin, dans la Partie Quatre, la dernière sphère traitera des enjeux juridictionnels, sous-régionaux ou continentaux, applicables à la conception et à la hiérarchisation des entités pour des résultats majeurs. La Partie Cinq, intitulée L'Élan, sera essentiellement un appel à l'action.

En résumé, la Partie Un de Tête-à-tête Avec Les Leaders Africains, intitulée à juste titre «Le Regard du Lion», donnera un aperçu général de l'Afrique et de ses problèmes d'alignement, la présentant comme une sorte de paradoxe. La Partie Un se conclut par une introduction aux deux concepts que j'ai développés au fil des années, maintenant protégés par copyright et présentés ici:

[1] Conception d'Entité pour une Performance Durable [ED4SP©].

[2] Mise en œuvre d'Entité dans SWOTPlus©.

Les Parties Deux, Trois et Quatre créeront l'espace pour discuter de la manière dont ces concepts peuvent s'appliquer à un Leader Individuel (Partie Deux), à un Leader Organisationnel et Institutionnel (Partie Trois), ou à un Leader Juridictionnel (Partie Quatre). La Partie Cinq, L'Élan, offrira des occasions de réflexion pour envisager l'adoption de ces concepts et contribuer à la transformation souhaitée et émergente de l'Afrique.

I

L'Afrique: Un Paradoxe En Transformation

En abordant l'Afrique comme un paradoxe en transformation et l'élan nécessaire dans *Tête-à-tête Avec Les Leaders Africains*, je souhaiterais me référer à certaines sections de Newman (novembre 2021), un article que j'ai présenté lors du Second Symposium Virtuel sur l'Économie de l'Ignorance, un programme du Hale Associates Centre. Ma présentation, telle que mentionnée, Était Intitulée Afrique: situation actuelle et alignement requis.

L'Afrique à Première Vue

Paradoxalement, malgré ses nombreux maux et violences, l'Afrique est devenue un phare d'espoir et retrouve sa place dans l'histoire, considérant son profil démographique favorable ainsi que ses progrès économiques et sociaux récents. Avec plus d'un milliard d'habitants, soit 18% de la population mondiale, l'Afrique retrouve la position qu'elle occupait au début du XVIe siècle: un continent riche et prospère. Selon Wikipédia, l'Afrique est le deuxième plus grand et le deuxième plus peuplé des continents, après l'Asie, dans les deux cas. Elle s'étend sur environ 30.3 millions de km^2, îles adjacentes comprises ; elle couvre 6% de la surface terrestre et 20% de sa surface continentale. Géographiquement, le continent traverse l'équateur et le méridien de Greenwich, ce qui en fait le seul continent situé dans les quatre hémisphères. C'est également le seul à s'étendre des zones tempérées nord aux zones tempérées sud. Les fuseaux horaires vont de UTC-1 à UTC+4. Le continent est entouré par la mer Méditerranée au nord, l'isthme de Suez et la mer Rouge au nord-est, l'océan Indien au sud-est et l'océan Atlantique à l'ouest.

J'ai souvent dû expliquer à certains Occidentaux qu'il est faux de penser que l'Afrique est un pays. En réalité, comme le rappelle Wikipédia, l'Afrique est un continent composé de 54 États souverains pleinement reconnus, de huit territoires et de deux États de facto indépendants disposant d'une reconnaissance limitée ou inexistante. Du point de vue de l'histoire humaine, l'Afrique est considérée comme le plus ancien territoire habité au monde, selon les archives qui indiquent que l'espèce humaine est originaire de ce continent. Vers 3300 av. J.-C., l'histoire documentée de l'Afrique commence en Afrique du Nord avec l'émergence de l'écriture dans la civilisation pharaonique de l'Égypte antique. Les pyramides d'Égypte témoignent encore aujourd'hui de l'extraordinaire ingéniosité mathématique et architecturale de cette civilisation. Par la superficie, l'Algérie est le plus grand pays d'Afrique; le Nigéria, quant à lui, est le plus peuplé.

Les pays africains coopèrent à travers l'Union africaine (UA), une organisation continentale regroupant 55 États membres. Elle a été annoncée lors de la Déclaration de Syrte à Syrte, en Libye, le 9 Septembre 1999, et officiellement fondée le 26 mai 2001 à Addis-Abeba. L'Afrique est structurée en cinq grandes régions au sein de l'UA : Afrique du Nord, de l'Est, de l'Ouest, Centrale et Australe. L'un des facteurs majeurs façonnant le continent est l'influence historique de l'Europe, illustrée par les liens coloniaux que plusieurs pays Africains entretiennent avec la Belgique, la Grande-Bretagne, la France, l'Italie, le Portugal, l'Espagne et d'autres puissances. L'influence arabe a également marqué le Maghreb et l'Afrique arabophone. Cette diversité historique explique la riche mosaïque linguistique et culturelle du continent: on estime à 1500 à 2000 le nombre de langues africaines distinctes.

Selon Worldometer, la population mondiale s'élevait au 8 juillet 2022 à 7.96 milliards d'habitants, dont 1.41 milliard vivaient en Afrique — soit 17.7 % de la population mondiale. L'âge médian y est de 20 ans. Le taux de croissance annuel est de 2.49 %, le taux de fécondité de 4.4 enfants par femme, et la densité de 45 habitants/km^2. L'Afrique est le continent le plus jeune du monde: d'après le Forum économique mondial, 19 des 20 pays les plus jeunes au monde sont Africains. Ce dynamisme démographique peut être une immense force, mais aussi un risque considérable si l'on tient compte des taux de chômage, des niveaux d'instruction, de la qualité de vie, des tensions socio-politiques et de la résilience institutionnelle.

Un développement récent qui a un potentiel considérable pour redéfinir l'avenir de l'Afrique est «Agenda 2063: *L'Afrique que nous voulons*». Il s'agit de la feuille de route et du plan directeur de l'Afrique pour transformer le continent en une puissance mondiale, en s'appuyant sur une vision de 50 ans couvrant la période de 2013 à 2063, divisée en cinq segments de dix ans. Ses objectifs incluent un développement inclusif et durable à travers une dynamique panafricaine fondée sur l'unité, l'autodétermination, la liberté, le progrès et la prospérité collective, le tout dans l'esprit du panafricanisme et de la renaissance africaine. De nombreuses initiatives découlent de l'Agenda 2063, notamment la Zone de libre-échange continentale africaine (ZLECAf), une zone de libre-échange créée en 2018 et devenue opérationnelle en 2021. Elle a été mise en place par l'Accord de libre-échange continental africain, signé par 54 des 55 États membres de l'Union africaine, créant ainsi la plus grande zone de libre-échange au monde depuis la création de l'Organisation mondiale du commerce en 1995. La ZLECAf pourrait augmenter la valeur du commerce intra-africain de 15 à 25 % d'ici 2040 et stimuler la production économique pour atteindre 29 000 milliards de dollars d'ici 2050. La ZLECAf est l'un des projets phares du premier plan décennal de mise en œuvre (2014-2023) dans le cadre de l'«Agenda 2063 – *L'Afrique que nous voulons*».

La perception générale avant l'Agenda 2063 était que l'Afrique avait une culture d'engagement sous-optimal envers les interventions et projets à moyen et long terme. Le dynamisme de l'espace politique, la culture du court-termisme et les fortes tensions au sein des secteurs public et privé dans la plupart des juridictions du continent africain avaient tendance à négliger la période de gestation moyenne de trois à cinq ans nécessaire pour obtenir un impact systémique. Cela contraste fortement avec l'approche en Asie, où, par exemple, la République populaire de Chine suit la stratégie dite des «deux centenaires», qui fait référence à deux anniversaires de 100 ans et à un ensemble d'objectifs économiques et politiques définis dans le cadre d'un plan sur 100 ans, appliqué de manière intentionnelle sur plusieurs générations de dirigeants et autour duquel le peuple se rallie.

La publication de Tête-à-tête avec les leaders africains juste avant la fin du premier bloc décennal de l'Agenda 2023 (de 2014 à 2023) est une action délibérée visant à nous mobiliser, vous et moi, sur la manière dont nous pouvons contribuer au prochain bloc décennal à partir de 2023, si tout se passe bien. J'espère que cette discussion sera mutuellement inspirante, compte tenu de notre intérêt commun pour l'Afrique.

L'Afrique, Un Paradoxe Inquiétant De Richesse Et De Pauvreté

L'Afrique est un continent riche en ressources naturelles — la récente croissance dans les secteurs des matières premières, des services et de la production manufacturière en témoigne. Selon le Forum économique mondial, six des dix économies connaissant la croissance la plus rapide au monde se trouvent en Afrique. Le cabinet PWC a rapporté que, ces dernières années, le taux de croissance annuel moyen du PIB de l'Afrique a régulièrement dépassé la moyenne mondiale et devrait rester au moins à 6% jusqu'en 2023. La Banque mondiale a indiqué que la croissance annuelle du PIB mondial était de 2.562% en 2019, avant de chuter à -3.405% en 2020, en raison de facteurs tels que la pandémie de COVID-19, les problèmes de sécurité et le changement climatique. Elle prévoit également que l'Afrique subsaharienne comptera plus d'un milliard d'habitants d'ici 2050, dont la moitié aura moins de 25 ans.

Cependant, l'Afrique est également techniquement le continent le plus pauvre. Selon DevelopmentAid, en 2021, 490 millions de personnes vivaient dans l'extrême pauvreté, soit 36% de la population totale. Les Nations Unies estimaient que 514 millions d'Africains risquaient de tomber sous le seuil d'extrême pauvreté en 2021 à cause du COVID-19. Si l'on ajoute l'impact des défis sécuritaires et du changement climatique, les risques systémiques pourraient s'accroître. Le PIB nominal par habitant en Afrique était estimé à US$1,860 en 2021, contre une moyenne mondiale de US$11,570. Cela fait de l'Afrique le continent habité le plus pauvre du monde, classé sixième sur sept, juste devant l'Antarctique — continent presque inhabité et recouvert de glace. En mars 2013, l'Afrique avait déjà été identifiée comme le continent habité le plus pauvre. Toutefois, la Banque mondiale prévoit que la plupart des pays africains atteindront le statut de «revenu intermédiaire» (au moins US$1,000 par habitant par an) d'ici 2025 si cette croissance se poursuit. D'après l'African Center for Economic Transformation (ACET), la AfCFTA pourrait bien être la dernière opportunité pour une véritable transformation économique de l'Afrique. Elle devrait également transformer les relations multilatérales au sein du continent ainsi que les flux d'investissements directs étrangers (IDE) vers et depuis l'Afrique. Oui, DEPUIS L'AFRIQUE!

Dans les deux prochains chapitres, nous examinerons deux concepts que vous et moi utiliserons comme outils de réflexion dans cette discussion, clôturant ainsi la première partie de *Tête-à-tête Avec Les Leaders Africains*. À ce propos, je souhaite citer un classique du management: Wren (1994),

Evolutions of Management, cité dans Newman (2008): «Dans les pratiques du passé se trouvent les leçons de l'histoire pour demain; un flux d'événements et d'idées qui relient hier, aujourd'hui et demain dans un courant continu. Les individus n'occupent qu'un point dans ce courant du temps et peuvent voir le passé lointain avec une grande clarté; cependant, à mesure que nous nous approchons du présent, notre perspective devient moins nette. L'avenir doit être une projection, et une projection fragile au mieux. De nouvelles idées, des changements subtils de thèmes et des événements émergents dans l'environnement apportent tous de nouvelles directions à l'évolution de la pensée managériale.» Le premier bloc décennal du plan directeur de l'Agenda 2063 (2014 – 2023) arrive à son terme en 2023. La question est donc: quel sera notre rôle dans le prochain bloc décennal à partir de 2023?

L'année 2023 est aussi une année hautement politique pour l'Afrique, marquée par des élections générales au Nigeria, en Sierra Leone, au Zimbabwe, au Liberia, au Soudan du Sud, en République démocratique du Congo et en Eswatini. D'autres scrutins sont prévus en Gambie (élections locales), en Mauritanie (élections législatives) et à Madagascar (élections présidentielles). Le Kenya a déjà tenu ses élections présidentielles et législatives en août 2022, avec des résultats susceptibles d'alimenter des débats nationaux en 2023. Cette année s'annonce donc décisive pour une grande partie du continent, avec des implications importantes pour la planification stratégique en Afrique.

Tête-à-tête Avec Les Leaders Africains se veut une modeste contribution à la réflexion sur la participation des individus en tant que leaders vivant en Afrique et souhaitant s'engager de manière significative dans ce processus de transformation. C'est pourquoi j'ai ouvert le Chapitre Un avec une vue d'ensemble de l'Afrique, mettant en lumière son paradoxe entre richesse et pauvreté. Cette discussion est une invitation à un voyage vers «L'Afrique que nous voulons». Elle dépasse la vision traditionnelle qui se concentre uniquement sur les causes de l'échec, pour mettre davantage l'accent sur les solutions permettant de construire l'Afrique de demain.

2

ED4SP©

J'ai créé l'acronyme ED4SP© pour désigner «Entity Design for Sustainable Performance» (Conception d'entité pour une performance durable). Concevoir pour la durabilité va au-delà de la durée de vie moyenne attendue d'un produit ou d'un service : tout ce qui est développé doit prendre en compte le bien-être des générations futures, afin que leurs besoins ne soient pas sacrifiés. Ainsi, le concept de «design for sustainable performance» est étroitement lié à la durabilité et au développement durable.

Selon Vallero & Brasier (2008), « la durabilité prend en compte les besoins actuels des populations sans compromettre la capacité des générations futures à répondre aux leurs ». Au fil des années, plusieurs efforts ont été faits pour comprendre et mettre en œuvre le concept de conception d'entité pour la durabilité. Ainsi, ED4SP© est présenté ici comme un schéma de performance durable d'une entité. Le terme « entité » dans *Tête-à-tête Avec Les Leaders Africains* s'applique aussi bien à un leader individuel, à une organisation ou à une juridiction. ED4SP© repose sur les principes de la pensée systémique, en s'appuyant sur un classique: «General Systems Theory» de Ludwig von Bertalanffy (1972), qui adopte une vision holistique et définit un système comme «*un ensemble d'éléments en interrelation entre eux et avec leur environnement*».

La conception durable cherche à réduire les impacts négatifs sur l'environnement et sur la santé de l'entité, tout en améliorant ses performances de développement. Les objectifs principaux sont de: réduire la consommation de ressources non renouvelables, minimiser les déchets, créer des environnements productifs. Les principes fondamentaux de la conception pour une performance durable incluent la capacité de l'entité à optimiser son potentiel et à améliorer ses pratiques opérationnelles et de maintenance. Une philosophie de conception durable favorise des décisions à chaque étape du processus qui réduisent les impacts négatifs sans compromettre les résultats attendus ou la viabilité économique. C'est une approche intégrée et holistique, qui implique des compromis et des arbitrages stratégiques.

La *Figure 1.0* présente le schéma protégé par copyright d'ED4SP©. Dans les parties deux, trois et quatre, nous examinerons l'application d'ED4SP© à un individu, à une organisation ou un groupement d'organisations, ainsi qu'à une juridiction ou un groupement de juridictions.

Figure 1.0 Schéma protégé par copyright pour ED4SP©

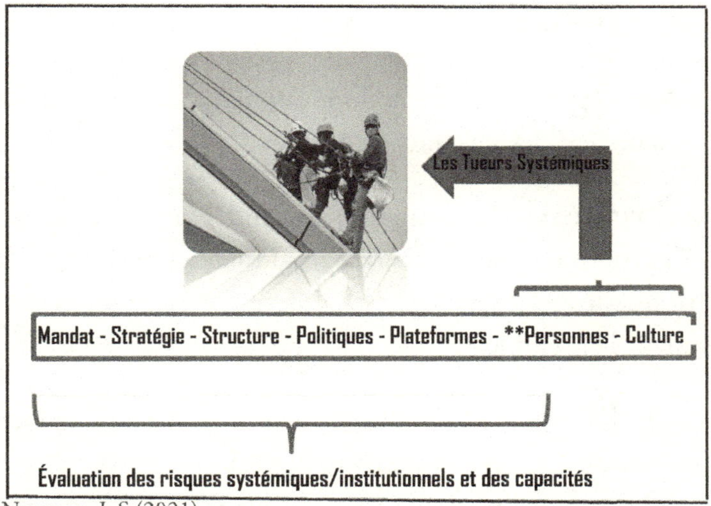

© Newman, L.S (2021)

Le dictionnaire Oxford définit une «entité» comme «*une chose dotée d'une existence distincte et indépendante*». On peut donc en déduire qu'une entité peut exister sous différentes formes et organisations, mais même si elles diffèrent par leur format et leur structure, elles partagent souvent des cadres de base et des caractéristiques similaires. ED4SP© reconnaît cette réalité et, dans une logique de pensée systémique, explique comment une entité — qu'il s'agisse d'un individu, d'une organisation ou d'une juridiction — peut atteindre une performance durable tout au long de ses différentes étapes de cycle de vie. Les composantes du concept

ED4SP© et les relations entre ces composantes constituent des conditions de base devant être définies et harmonisées autour des huit aspects suivants d'une entité:

Le Mandat: Ce que l'entité cherche à accomplir, ce qu'elle représente et les bénéficiaires qu'elle est censée servir.

La Stratégie: La manière dont l'entité prévoit d'atteindre son mandat et les résultats escomptés.

La Structure: L'organisation des différents rôles au sein de l'entité pour mettre en œuvre le mandat et la stratégie, ainsi que les relations entre les différentes composantes qui forment l'ensemble.

Les Politiques: Le cadre dans lequel l'entité opérera. Elles définissent les processus nécessaires pour atteindre les objectifs fixés et les règles qui guident leur mise en œuvre à chaque niveau de la structure.

Les Plateformes: Les niveaux d'engagement pour l'application, le stockage, la récupération, la diffusion et la communication avec les parties prenantes internes et externes.

Les Personnes: Le type de profils nécessaires pour occuper les différents rôles définis dans la structure: comment elles seront sélectionnées, placées, suivies, et éventuellement retirées.

La Culture: Le contrat social interne qui régit la manière dont l'entité interagit avec les personnes à différents niveaux, ainsi que les attentes des bénéficiaires vis-à-vis de cette entité.

L'Évaluation Des Risques Systémiques ou Institutionnels et Des Capacités: Les éléments pouvant compromettre la réalisation du mandat de l'entité et les mécanismes pour les identifier, les mesurer et les neutraliser en amont.

Dans les Parties Deux, Trois et Quatre de *Tête-à-tête Avec Les Leaders Africains*, nous examinerons comment ces huit composantes d'ED4SP© varient et évoluent dans des contextes applicables à un individu, une organisation ou un groupement d'organisations, ainsi qu'à une juridiction ou un groupement de juridictions, à travers des pseudo-exemples. Après avoir analysé ces exemples pour chaque cas (individuel, organisationnel et juridictionnel), vous disposerez d'un espace dans le livre pour noter vos propres réflexions et esquisser vos scénarios, sur format papier ou numérique selon votre préférence.

3

SWOTPlus©

Dans leur ouvrage The Circular Economy Handbook: Realizing The Circular Advantage (2020), Lacy, Long & Spindler expliquent, *«Des défis complexes et interconnectés transforment profondément la manière dont les entités doivent penser, agir et innover. La montée des tensions politiques et géoéconomiques, le rythme et l'ampleur des changements technologiques, ainsi que l'urgence des crises climatiques, la rareté des ressources et une multitude d'autres enjeux sociaux et environnementaux modifient radicalement le paysage»*.

SWOTPlus© est un acronyme que j'ai créé pour étendre l'application de l'outil de planification stratégique populaire SWOT (Forces, Faiblesses, Opportunités et Menaces), en y ajoutant la mise en œuvre par l'entité, avec des suggestions d'allocation de ressources et des échéances. Pour en arriver à ce concept, je me suis appuyée sur différentes situations vécues au cours de ma carrière, où j'ai eu le privilège de participer à la planification stratégique de mes employeurs, de soutenir une organisation cliente dans l'élaboration de sa propre stratégie, ou encore d'offrir un accompagnement en conseil à des conseils d'administration. Au fil des années, j'ai particulièrement trouvé SWOT très utile. Cependant, à mesure que j'ai acquis plus d'expérience et que je me suis impliquée davantage dans les aspects plus profonds de la planification stratégique — notamment l'allocation des ressources et le suivi de la mise en œuvre sur la durée du plan —, j'ai commencé à observer certaines limites dans la manière de prolonger l'analyse SWOT, une sensation comparable à se tenir au bord d'une falaise. Dans cette situation, en mobilisant mes compétences en résolution de problèmes pour dépasser ces limites, j'ai développé et commencé à utiliser une matrice 2x2 comme extension personnelle de SWOT.

En tant qu'étudiante de SWOT, j'ai ensuite lu la revue théorique de Gurel (2017) sur SWOT en tant qu'outil de planification. J'ai été fascinée par cette analyse critique, car elle expliquait la place de l'analyse SWOT dans le processus de gestion stratégique. L'étude indiquait que les composantes de l'analyse SWOT avaient été examinées, montrant les origines historiques, les avantages et inconvénients, ainsi que les limites de l'outil. Elle concluait que: «L'analyse SWOT est utilisée depuis plus de cinquante ans dans le domaine de la gestion stratégique. C'est une technique précieuse pour la planification et la prise de décision. Au fil des années, SWOT a été largement utilisé pour analyser les environnements internes et externes afin d'appuyer les décisions stratégiques. La technique a été employée dans une multitude de domaines nécessitant une analyse stratégique: industrie, organisation, produit, personne, projet, ville, etc. Malgré sa simplicité et ses nombreux avantages dans le processus de planification, elle présente également des inconvénients et des limites.» Par exemple, l'étude rapportait que: *«L'analyse SWOT ne présente qu'une simple liste de facteurs liés aux environnements micro et macro. Il est difficile d'utiliser ces facteurs qualitatifs dans la prise de décision. L'examen qualitatif des facteurs internes et externes ne peut être qu'un point de départ pour une analyse approfondie dans le processus de planification.»* J'ai été très enthousiasmée par cette étude, au point qu'elle est devenue ma justification de référence pour les défis de mise en œuvre que je rencontrais. Cela m'a conduite à développer la matrice 2x2, désormais protégée par copyright sous le nom de SWOTPlus©, rendant hommage à l'ancien tout en ouvrant la voie au nouveau.

Figure 2.0 présente le schéma de SWOTPlus©. Dans les parties deux, trois et quatre de ce travail, nous discuterons de l'application de SWOTPlus© à un individu, à une organisation ou un groupement d'organisations, ainsi qu'à une juridiction ou un groupement de juridictions.

Figure 2.0 Schéma protégé par copyright pour SWOTPlus©

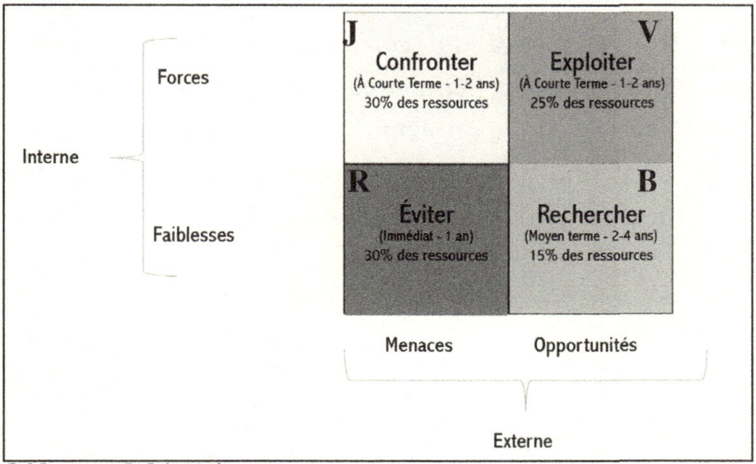

Explication de la Figure 2.0

Les forces et faiblesses sont des éléments internes, relativement contrôlables grâce à la structure organisationnelle, aux politiques, aux processus, aux rôles, aux personnes, à l'allocation des ressources ainsi qu'aux mécanismes de contrôle et de conformité. En revanche, les opportunités et menaces sont externes et relativement incontrôlables; toutefois, la capacité à prospérer et à garder une longueur d'avance peut être renforcée grâce à une intelligence de marché efficace et pragmatique, au développement d'alliances, au réseautage et à une rapidité d'exécution sur le marché, le tout fondé sur des faits validés.

Les Quatre Quadrants

- **R** – Qu'est-ce qui constitue à la fois une faiblesse interne pour l'entité et une menace externe pour l'entité ou le système dans lequel elle s'i scrit? C'est une zone critique qui doit être traitée de toute urgence pour passer dans la zone J ou B.

- **B** – Qu'est-ce qui représente une faiblesse interne mais offre des opportunités externes pour l'entité, son type ou son système? C'est un levier stratégique dans lequel investir, approfondir les connaissances et planifier pour renforcer les capacités internes et évoluer vers la zone J.

- **J** – Qu'est-ce qui constitue une force interne pour l'entité mais une menace externe pour l'entité ou son système? C'est un atout à consolider et à transformer en opportunité afin de passer en zone V pour en récolter les bénéfices.

- **V** – Qu'est-ce qui représente à la fois une force interne et une opportunité externe pour l'entité, son type ou son système? Ce sont des «fruits mûrs» qu'il faut cueillir rapidement, car selon le degré de dynamisme du secteur, la fenêtre d'opportunité peut ne pas durer!

Points clés à Retenir — Partie Un

La première partie de *Tête-à-tête Avec Les Leaders Africains*, judicieusement intitulée «Le Regard du Lion», comporte trois chapitres. Elle prolonge les réflexions présentées dans l'«Introduction» en posant le cadre des grands thèmes abordés dans l'ouvrage, qui se veut une conversation centrée sur l'Afrique, en utilisant deux concepts schématiques sur la conception et la hiérarchisation des entités en vue d'obtenir des résultats systémiques, appelés «ED4SP©» et «SWOTPlus©».

En définissant le contexte africain, le chapitre 1 présente la localisation géographique du continent, son contexte historique, son état actuel, son avenir prévisible et les zones de vigilance à approfondir, posant ainsi les fondements stratégiques des thèmes de l'ouvrage.

Dans le chapitre 2, j'explique le concept ED4SP© dans le cadre conceptuel et analytique qui le sous-tend. Le chapitre 3 est consacré à SWOTPlus©. Ces deux outils, enregistrés en 2021, sont ceux que j'utiliserai dans les parties 2, 3 et 4 de *Tête-à-tête Avec Les Leaders Africains*, selon les situations : individuelles, organisationnelles ou inter-juridictionnelles. Dans la deuxième partie, vous et moi appliquerons ED4SP© et SWOTPlus© à une situation individuelle, en utilisant une personnalité fictive — Humain X — comme exemple pour vous guider dans l'élaboration de votre propre trajectoire personnelle de positionnement pour une contribution constructive à l'Afrique en tant que marché émergent.

Partie Deux
L'Individu

«Le leadership consiste, en fin de compte, à créer les conditions permettant aux personnes de contribuer à la réalisation de quelque chose d'extraordinaire.» – **Alan Keith**.

Avez-vous déjà fait partie d'un groupe dans lequel une personne a pris les choses en main en partageant une vision claire et accessible des objectifs communs, une passion évidente pour le travail, et en insufflant à chacune et chacun une nouvelle énergie qui les a poussés à évoluer positivement? Ce portrait correspond non seulement à une personne dotée de qualités de leadership efficaces, mais surtout à un leader transformationnel. Le leadership transformationnel a pour effet de créer des équipes engagées, productives et capables d'innover, de façonner et de porter l'avenir d'une organisation, d'une communauté ou même d'une nation.

Depuis les célèbres expériences de Hawthorne dans les années 1920 sur l'éclairage et la productivité, jusqu'aux travaux fondateurs d'Elton Mayo sur le rôle déterminant de la dimension sociale en psychologie industrielle, l'humanité n'a cessé de chercher, dans sa quête d'efficacité, à mieux organiser ses efforts pour obtenir des résultats collectifs. Cette exploration a donné naissance à de nombreuses théories majeures sur l'influence et l'impact du leadership, jusqu'aux concepts modernes comme celui du leadership transformationnel. Le leadership est un sujet vaste, complexe et qui suscite un intérêt croissant aux niveaux individuel, organisationnel, national et mondial, surtout dans un contexte où les mutations sont rapides et profondes.

Notre monde devient chaque jour plus intégré et plus dynamique. Les frontières politiques s'effritent, les sociétés sont de mieux en mieux informées de leurs droits et privilèges, et l'environnement — à la fois matériel et immatériel — dans lequel nous vivons et entreprenons devient plus instable, accéléré par les avancées technologiques, la vitesse de circulation de l'information et la multiplication des plateformes partagées. L'Afrique, les Africains, ainsi que leurs partenaires et résidents, sont pleinement engagés dans ce mouvement. L'Afrique est en transformation! La grande question est: comment pouvons-nous nous positionner pour contribuer activement à cette dynamique et laisser un héritage durable? Se positionner pour réussir dans cette trajectoire repose essentiellement sur le leadership, et plus précisément sur le leadership transformationnel — celui qui fait passer un potentiel latent à une réalité concrète. Je crois que les enjeux de leadership en Afrique sont multiples: gestion et investissement des ressources, lutte contre la pauvreté, responsabilité sociale, redevabilité et bonne gouvernance. Nous avons toutes et tous un rôle à jouer.

Il y a quelques années, dans le cadre de mon poste de responsable du développement produit dans une banque nigériane, j'ai constaté que de nombreux Nigérians vivant à l'étranger souhaitaient acquérir une maison dans leur pays d'origine pour en faire une résidence familiale lors de leurs visites. Beaucoup faisaient appel à leurs proches ou amis pour superviser la construction de ces maisons. Malheureusement, de nombreuses histoires malheureuses ont émergé de ces « projets ». Pour répondre à cette problématique, la banque pour laquelle je travaillais a lancé un produit bancaire permettant aux familles de la diaspora d'acheter ou de construire leur maison au pays, tout en bénéficiant de services de paiement sécurisés et de supervision du projet par la banque, moyennant des frais. Ce produit a rencontré un grand succès car la demande était forte et la banque avait déjà accès à un vaste réseau de clients de la diaspora. J'ai eu le privilège de faire partie de l'équipe en charge de la conception et de la gestion de ce produit et d'autres encore, sous la direction d'une équipe de leadership dynamique. Cette expérience, parmi d'autres, m'a permis de mieux comprendre les défis auxquels nos frères et sœurs de la diaspora sont confrontés lorsqu'ils souhaitent participer activement au développement et aux opportunités de l'Afrique.

Pour amorcer notre réflexion, je souhaite vous présenter le concept ED4SP©, d'abord en l'appliquant à nous-mêmes en tant qu'individus. Puis, à partir d'un exemple appliqué à une entité individuelle fictive et «dépersonnalisée», vous serez en mesure d'élaborer votre propre ED4SP©. Ensuite, nous examinerons également le SWOTPlus© pour cette entité fictive — «Humain X» — afin que vous puissiez construire le vôtre. Si nous menons bien cet exercice, vous devriez être en mesure d'identifier clairement ce qui compte le plus pour vous en tant que leader — qu'il s'agisse de regarder vers l'Afrique depuis l'extérieur ou de rayonner vers le monde depuis l'Afrique — pour générer des effets systémiques positifs.

La *Figure 3.0* présente le schéma utilisé pour l'ED4SP© individuel, et la *Figure 4.0*, celui du SWOTPlus© individuel. Ce processus s'annonce stimulant! Comme le dirait Fareed Zakaria dans son émission Global Public Square (GPS) sur CNN: «commençons!»

Profil de Personnalité Fictive: Humain X

Notre personnalité fictive pour la deuxième partie sera Humain X, une personne de 45 ans, d'origine ougandaise, vivant aujourd'hui à Los Angeles. Humain X est parent de trois jeunes adultes âgés de 19 à 25 ans. Anciennement employée d'une entreprise du classement Fortune 500, avec une expérience en administration, ressources humaines et technologies de l'information, Humain X est aujourd'hui travailleuse indépendante et dirige une petite entreprise depuis son domicile à Los Angeles. Elle est également membre active de la communauté ougandaise de la diaspora aux États-Unis et d'autres réseaux professionnels associés. Nous utiliserons les schémas ED4SP© et SWOTPlus© de Humain X pour illustrer concrètement ces deux concepts appliqués à un profil de leader individuel.

4
Les Concepts

Dans ce contexte, le terme concepts renvoie aux concepts de leadership applicables au leader individuel. Que vous endossiez un rôle de leader pour un projet complexe ou que vous progressiez vers vos objectifs de vie, ces concepts constituent des outils pratiques permettant de développer vos forces et de les mobiliser efficacement. Autrement dit, les concepts de leadership désignent les éléments que les leaders individuels prennent en compte lorsqu'ils s'engagent et pilotent un projet ou une équipe. En résumé, ils englobent les styles, traits et principes associés aux différentes approches de la gestion d'un projet ou d'une équipe. Ces concepts aident chacun à comprendre les leviers dont il ou elle a besoin pour progresser de façon significative dans sa carrière et avoir un impact positif sur la société.

Maintenant que nous avons établi leur importance pour

tout leader individuel, approfondissons cette compréhension grâce à quelques notions essentielles, en nous appuyant sur notre personnalité fictive, Humain X, comme exemple.

Narration ED4SP© — Exemple Avec Humain X

Figure 3.0: Schéma ED4SP© pour Humain X

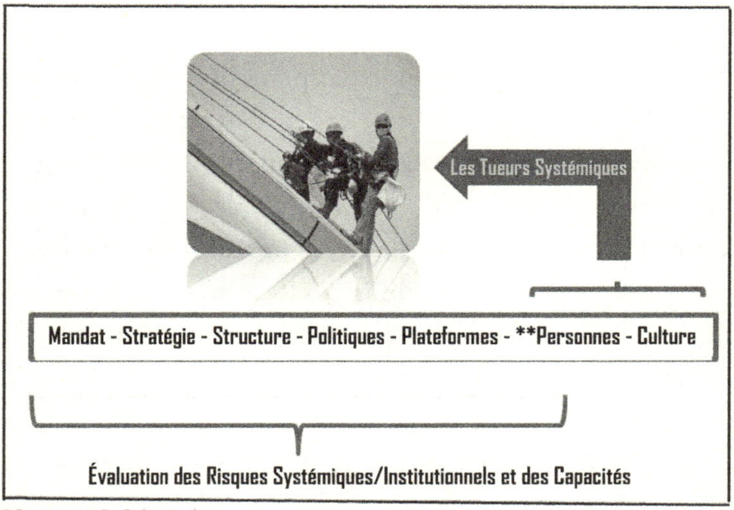

©Newman, L.S (2021)

Le Mandat: Définir votre mandat personnel suppose de réfléchir à la contribution que vous aspirez à apporter à l'humanité en général, puis à votre communauté, à votre pays et au continent africain. Il s'agit de déterminer ce que vous souhaitez accomplir dans votre parcours de vie, en vous appuyant à la fois sur votre héritage passé et sur ce que vous souhaitez construire dans les dix prochaines années, en lien avec la trajectoire de l'Afrique. Vos convictions spirituelles ou philosophiques, tout comme une mantra personnelle, peuvent vous aider à cadrer cette réflexion. Il convient ensuite de préciser à qui votre mandat s'adresse. Les cinq secteurs décrits par Rosenberg (2020) à la fin du Chapitre 1 (Première partie) peuvent être utiles pour cela. Vous devrez définir où et comment vous souhaitez intervenir: secteur privé, public ou à but non lucratif; domaine: industries extractives, transformation et fabrication, services, innovation et savoir, ou politiques et services sociaux; zone géographique en Afrique.

Exemple pour Humain X:

Je suis une personne africaine de 45 ans, originaire d'Ouganda et vivant à Los Angeles. Ancien·ne employé·e d'une entreprise du classement Fortune 500 aux États-Unis, je suis aujourd'hui à la tête d'une petite entreprise et parent de jeunes adultes. Conscient·e de la dynamique démographique de la jeunesse africaine et des risques associés si elle n'est pas accompagnée, je souhaite contribuer à l'amélioration de l'employabilité des jeunes Ougandais et à leur acquisition de compétences modernes en matière de travail et d'entrepreneuriat. Je commencerai dans ma communauté locale, puis, après deux ans, à l'échelle municipale, ensuite provinciale et, à l'horizon de dix ans, à l'échelle nationale si j'obtiens suffisamment de soutien et de résultats.

La Stratégie: À cette étape, il s'agit de définir comment vous comptez concrétiser votre mandat et à quelles fins. Voulez-vous agir en tant qu'individu, via un réseau, un projet familial, une fondation ou une initiative bénévole?

Exemple pour Humain X:

Je souhaite aider les jeunes Ougandais à acquérir les compétences entrepreneuriales et professionnelles du XXIe siècle afin qu'ils puissent accéder à des emplois de qualité ou gérer efficacement leurs propres entreprises. Mon engagement se situera dans le secteur non lucratif, au sein du quatrième secteur : Innovation et savoir. Je chercherai également à soutenir à distance le gouvernement ougandais par des contributions en matière de politiques publiques favorables au développement de la jeunesse et, ponctuellement, à intervenir bénévolement via la communauté ougandaise de la diaspora aux États-Unis. Je commencerai avec un plan sur deux ans, puis j'évaluerai les résultats pour définir un plan triennal. À la fin de la quatrième année, j'établirai une feuille de route pour les cinq années suivantes, avec l'espoir de constater un impact systémique au bout de dix ans.

La Structure: Cette étape décrit comment vous comptez organiser vos rôles personnels pour concrétiser votre mandat et votre stratégie. Elle implique également d'identifier les relations avec les parties prenantes dans votre vie: famille proche et élargie, cercle d'amis, réseau professionnel, diaspora et réseau social. Cette clarification permet souvent de révéler des leviers ou synergies que l'on aurait autrement ignorés ou sous-exploités.

Exemple pour Humain X:

Je mobiliserai mes réseaux professionnels et sociaux, en particulier les entreprises ayant une stratégie de responsabilité sociétale (RSE) en Afrique, pour établir des partenariats et intervenir comme bénévole dans des projets alignés avec mon mandat. Lors de mon prochain voyage à Kampala, je prendrai aussi contact avec les ministères concernés, avec l'appui de l'ambassade d'Ouganda à Washington D.C.

Les Politiques: Enfin, il est essentiel de déterminer le cadre dans lequel vous allez opérer : vos valeurs, vos principes personnels, votre philosophie de vie, votre contrat social familial, votre code de déontologie professionnelle, ainsi que les lois et réglementations en vigueur dans votre pays de résidence (constitution, droit de l'État, etc.). Si vous êtes membre de la diaspora africaine, vous devez aussi considérer les dispositions constitutionnelles de votre pays d'origine. Ces «politiques» vous permettront d'identifier les processus nécessaires pour atteindre légitimement vos objectifs stratégiques tout en restant en accord avec vos valeurs personnelles. Elles définissent également les règles qui encadrent vos actions à différents niveaux de votre vie personnelle. Les lois fiscales, les règles bancaires, les conditions de résidence ou d'appartenance territoriale imposent des limites mais offrent aussi des possibilités.

Exemple pour Humain X:

J'étudierai les dispositions constitutionnelles et légales encadrant la responsabilité sociétale des entreprises (RSE) dans le secteur de l'innovation et du savoir aux États-Unis, afin d'aligner mes actions sur les Objectifs de développement durable (ODD) et l'Agenda 2063 inscrits dans le Plan national ougandais. J'examinerai aussi les lois fiscales américaines et les opportunités de programmes d'échanges ou de séminaires virtuels entre les États-Unis et l'Afrique. Dans une perspective de long terme, je souhaite que mes enfants se reconnectent à leurs racines. Je les encouragerai donc à participer à des programmes d'échanges avec des ONG œuvrant dans ce domaine et à contribuer à mes séminaires destinés à la jeunesse ougandaise.

Les Plateformes: À cette étape, il s'agit de revenir sur les rôles que vous avez définis dans la section «Structure» et, en tenant compte des limites et dispositions établies dans «Politiques», de déterminer vos modes et niveaux d'engagement: application, stockage, récupération, diffusion et communication des informations aux parties prenantes, internes comme externes. Comment allez-vous vous engager? Par des réunions familiales, des réseaux sociaux, des visites dans votre pays d'origine, la participation à des événements de la diaspora, une visibilité accrue dans vos réseaux professionnels, ou encore des services consultatifs auprès du gouvernement ougandais? Les plateformes que vous choisirez devront idéalement déjà exister ou être en développement dans les espaces que vous avez définis sous «Mandat». Si elles n'existent pas encore, vous devrez décider si vous souhaitez les créer de toutes pièces ou les acheter.

Exemple pour Humain X:

Je commencerai par des ateliers en ligne gratuits destinés aux jeunes Ougandais, que je ferai connaître via mes réseaux sociaux, l'ambassade d'Ouganda aux États-Unis, le réseau de la diaspora ougandaise et des entreprises intéressées par le développement des jeunes Africains et les programmes d'échanges. L'objectif est d'identifier les opportunités disponibles, de démarrer progressivement et de pouvoir ensuite élargir la portée. Je ferai également des recherches pour obtenir les coordonnées téléphoniques et électroniques de toutes les écoles enregistrées en Ouganda accueillant des jeunes de 13 à 25 ans.

Les Personnes: Cette étape consiste essentiellement à faire des choix d'engagement humain. Vous devez identifier le type de personnes avec lesquelles vous souhaitez collaborer dans les différents rôles définis dans la «Structure». Comment seront-elles sélectionnées? Comment passeront-elles du cercle externe au cercle interne? Comment seront-elles placées, déplacées, suivies, récompensées ou écartées selon votre «Mandat» et les «Plateformes» d'engagement? Avoir une vision claire et documentée de ces éléments vous aidera à anticiper les réussites, les échecs, les conflits, les besoins de remplacement ou de séparation — tout en gardant votre regard fixé sur votre objectif. De nombreuses initiatives ont échoué faute d'avoir pris en compte cette dimension.

Exemple pour Humain X:

Je transmettrai les informations relatives aux ateliers en ligne aux ministères concernés en Ouganda, via les réseaux de la diaspora. Les écoles ciblant le groupe d'âge spécifié seront également contactées pour assurer un impact à travers toutes les régions du pays, en commençant par un rythme trimestriel qui pourra devenir mensuel dès la deuxième année. La première année, je chercherai des partenaires et des écoles prêts à intégrer gratuitement ces ateliers et séminaires dans leurs activités parascolaires. Les seules exigences pour les écoles partenaires seront : une salle où les étudiants peuvent se rassembler, un accès à l'électricité et à Internet, ainsi qu'un projecteur — le contenu et l'animation étant fournis gratuitement.

La Culture: La «culture» correspond ici au contrat social que vous établissez avec vos «Personnes»: la manière dont vous interagissez à différents niveaux, et la façon dont les bénéficiaires, définis dans votre «Mandat», s'attendent à être servis. Définir cela clairement contribue à rendre vos interventions plus efficaces, à réduire les coûts et à créer une synergie permettant une montée en puissance à impact systémique. À l'inverse, un manque de clarté peut compromettre gravement un projet.

Exemple pour Humain:

Les écoles partenaires et les lieux d'accueil des ateliers devront tenir une liste de présence et transmettre les noms, genres, numéros de téléphone et adresses e-mail de tous les participants. Mon équipe à Los Angeles pourra ainsi suivre les effectifs, envoyer les supports pédagogiques et offrir un accompagnement individuel après les sessions. À mesure que je constaterai l'engagement des écoles et des centres communautaires, je prévoirai de prendre en charge leurs coûts liés à la connexion Internet et à l'électricité. Si cet engagement se confirme la première année, j'enverrai des projecteurs en guise de récompense pour les écoles partenaires, en fonction des taux de participation et des résultats observés. En revanche, les écoles qui ne respecteront pas les exigences pendant deux périodes d'ateliers consécutives seront placées en probation et ne seront réadmises qu'après avoir transmis toutes les informations requises sur la durée complète du soutien. Les coordinateurs locaux et administrateurs des écoles partenaires qui démontreront de bonnes performances — notamment par la ponctualité et la qualité de leurs rapports — bénéficieront de trois séances de coaching individuel par trimestre après six mois, en guise d'encouragement.

Évaluation des Risques Systémiques ou Institutionnels et de la Capacité: Pour réaliser cette évaluation de façon pertinente, il est important de prendre du recul, d'examiner les échecs passés d'initiatives similaires, de repérer les schémas récurrents, et éventuellement de demander à une personne de confiance d'examiner le plan avec vous pour identifier ce qui pourrait mal tourner. Quelles menaces pourraient compromettre votre mandat? Comment les anticiper, les mesurer et les neutraliser? Avez-vous besoin d'une assurance, de formations complémentaires, d'une supervision externe formelle?

Faudra-t-il envisager un partenariat avec une entité déjà implantée localement? Disposez-vous du temps, de la capacité administrative et des ressources nécessaires pour suivre la mise en œuvre? Et surtout: quel en sera le coût, à court (deux ans) et moyen terme (cinq ans)? Comment couvrirez-vous ces besoins?

Exemple pour Humain X:

Les principaux risques susceptibles de compromettre cette initiative sont:

(a) Ma capacité à consacrer le temps nécessaire aux activités prévues.

(b) La qualité de ma préparation et la pertinence des supports de formation.

(c) Le besoin d'un·e assistant·e pour la gestion des données, le suivi, la planification et l'organisation des coachings.

(d) L'accès aux autorités scolaires et au ministère du développement de la jeunesse via l'ambassade d'Ouganda aux États-Unis.

(e) Les imprévus personnels, notamment de santé, qui pourraient affecter la continuité du projet.

(f) La nécessité d'ouvrir la collaboration à d'autres membres de la diaspora et à des acteurs en Ouganda.

Côté écoles partenaires, les risques incluent:

(1) Le maintien des séminaires malgré d'éventuels changements de direction.

(2) L'accès fiable à l'électricité.

(3) L'obtention des autorisations auprès des ministères et organismes de tutelle.

(4) D'éventuelles interférences ou sabotages de la part d'acteurs en opposition.

Je devrai être en mesure d'identifier les signaux faibles et de prendre des mesures préventives pour éviter que ces facteurs n'entravent mon «Mandat» et ma «Stratégie». Pour cela, je planifierai les deux premières années avec une évaluation intermédiaire, puis j'élaborerai un plan quinquennal si les conditions le permettent.

Narration SWOTPlus© — Exemple avec Humain X

Figure 4.0: Schéma SWOTPlus© pour Humain X

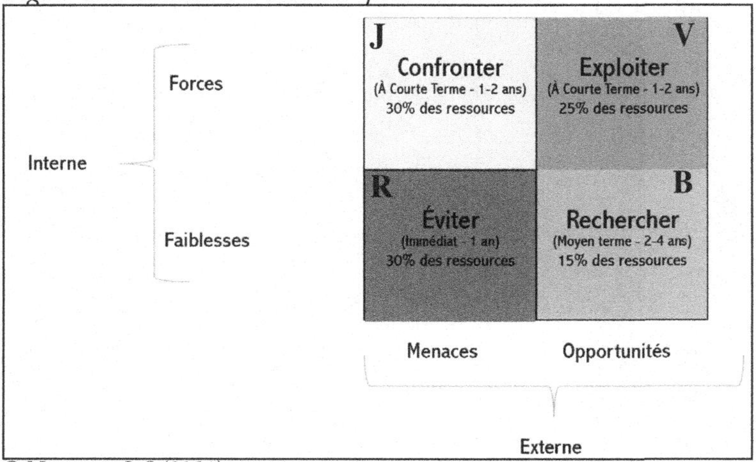

© Newman, L.S (2021)

Application de la Figure 4.0 à Humain X

Les forces et faiblesses de Humain X sont internes et donc relativement contrôlables par des choix et décisions personnels. À l'inverse, les opportunités et menaces sont externes et donc moins maîtrisables. Néanmoins, la capacité de Humain X à prospérer et à anticiper les défis dépendra d'une veille stratégique efficace, d'engagements constructifs, de négociations, de partenariats, de l'exploitation de réseaux fiables fondés sur des données validées et d'une ouverture à de nouvelles idées.

Contenu Probable des Quatre Quadrants pour Humain X:

- **R** – Ce qui constitue à la fois une faiblesse interne et une menace externe. C'est un «tueur de rêves»: il faut le traiter en priorité pour le déplacer vers les zones J ou B.

- **B** – Ce qui est une faiblesse interne mais présente des opportunités externes. C'est un champ d'investissement stratégique pour renforcer les capacités internes et migrer vers J.

- **J** – Ce qui est une force interne mais une menace externe. C'est une position à consolider et à transformer en zone V.

- **V** – Ce qui est à la fois une force interne et une opportunité externe. Ce sont les «fruits mûrs» à cueillir rapidement, car le contexte peut évoluer.

Figure 5.0 – SWOTPlus© de Humain X pour les deux premières années.

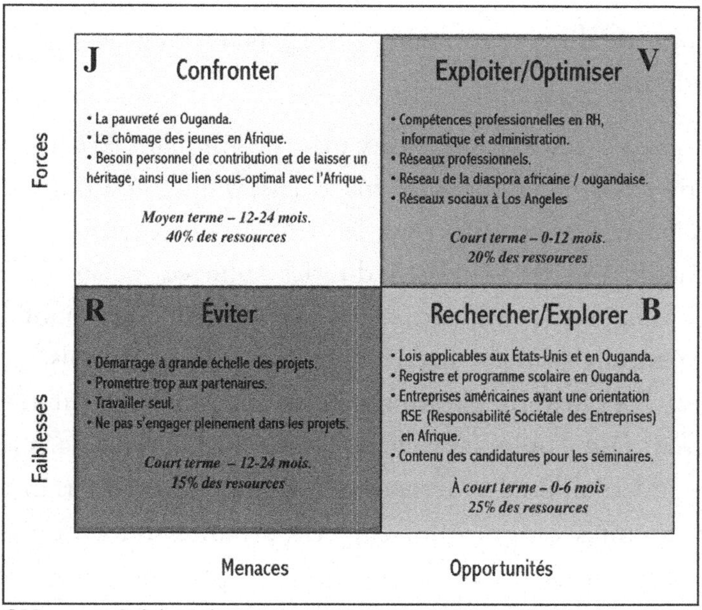

©Newman, L.S (2021)

Narration de la *Figure 5.0* — SWOTPlus© de Humain X pour les Deux Premières Années

Humain X est en mesure d'élaborer un SWOTPlus© pertinent grâce à une bonne alignement préalable de l'ED4SP©.

1. Le contenu des quatre quadrants pour Humain X est clairement défini, ce qui facilite l'identification des priorités stratégiques: ce qu'il faut éviter, approfondir, affronter ou exploiter.

2. La clarté du design de l'entité (en termes descriptifs) a permis de lister précisément les enjeux clés de chaque quadrant.

3. Grâce à cette clarté et au plan de Humain X articulé en trois blocs temporels (2 ans, 3 ans, 5 ans), il est aisé de hiérarchiser les priorités pour les deux premières années: Les éléments à éviter — c'est-à-dire les faiblesses personnelles de Humain X combinées à des menaces externes pour le programme — doivent être traités entre 0 et 3 mois. Les zones d'opportunité présentant encore des faiblesses internes doivent faire l'objet de recherches et de validations dans les 6 premiers mois. Les domaines à la fois forces internes et opportunités externes doivent être exploités ou optimisés au cours de la première année de ce plan de deux ans, ou au plus tard à mi-parcours. Enfin, les domaines représentant des forces internes mais confrontés à des faiblesses externes dans l'espace de «Mandat» et de «Stratégie» doivent être pleinement affrontés lors de la deuxième année afin de générer des résultats systémiques mesurables qui alimenteront la planification du bloc de trois ans suivant. Ce cycle sera répété après la deuxième période de planification.

4. En s'appuyant sur ce schéma, Humain X peut allouer efficacement ses ressources à chaque domaine stratégique.

Ce processus facilite la gestion des ressources financières, temporelles et matérielles de l'initiative. Le pourcentage total de ressources allouées pour la période initiale doit toujours atteindre 100%.

5. Grâce à cette organisation, Humain X pourra observer les effets systémiques de l'intervention en Ouganda, et adapter ou amplifier ses actions selon les blocs temporels planifiés.

6. L'objectif global est de s'assurer que les enjeux évoluent dans les bonnes directions: par exemple, les éléments de la zone R, une fois traités, doivent migrer vers les zones J ou B. Lors de la période suivante, ceux de la zone B peuvent passer en zone V s'ils sont transformés en forces. Les éléments de la zone J, une fois affrontés, migrent naturellement en zone V.

7. Humain X veillera à ce qu'aucun élément ne retourne dans la zone R en restant vigilant·e, informé·e et capable d'ajuster rapidement le focus du projet. Les jalons fixés aux années 2 et 5 permettront d'atteindre cet objectif.

Résumé — ED4SP© Individuel et SWOTPlus©

Dans le Chapitre Quatre, nous avons vu comment les outils ED4SP© et SWOTPlus© peuvent s'appliquer à un individu à travers la personnalité fictive Humain X. Nous avons également observé que prêter une attention particulière à l'ED4SP© facilite grandement la mise en œuvre du SWOTPlus©. Ces deux concepts sont donc complémentaires: l'ED4SP© doit toujours précéder l'analyse SWOTPlus© pour obtenir les meilleurs résultats. C'est désormais à vous de mobiliser ce que nous avons exploré — de la Note de l'auteure jusqu'au Chapitre Quatre — pour élaborer votre propre ED4SP© et SWOTPlus© pour votre première période de planification. Je suis enthousiaste à l'idée d'aborder le Chapitre Cinq avec vos réflexions et retours.

5

Réflexions Sur Les Concepts

Selon Swart, Price, Mann et Brown (2004), «les idées d'innovation, de qualité et d'amélioration continue, ainsi que d'autres contributions essentielles pour faire face à la concurrence mondiale actuelle, proviennent des personnes». Les observations récentes sur l'Afrique, notamment à travers les Objectifs de développement durable (ODD) et l'Agenda 2063, montrent que le continent est à la veille d'une transformation majeure. L'ampleur et la nature de cette transformation dépendront d'un facteur clé: les pratiques de leadership, à la fois au sein de l'Afrique — tournée vers le monde — et au sein de la diaspora — tournée vers l'Afrique.

Dans cette perspective, Hayatu-Deen (2002) prédisait: *«Les organisations et les pays qui comprennent la nouvelle économie mondiale et la nature émergente de son interconnexion et interdépendance, et qui maîtrisent l'art de se positionner pour saisir les opportunités et faire face aux menaces d'un tel monde, pourront prétendre à la prospérité et à la grandeur».*

Charan (2009), dans, Leadership In The Era of Economic Uncertainty: New Rule for Getting The Right Things Done In Difficult Times, identifie six traits essentiels pour diriger en période difficile:

(1) Honnêteté et crédibilité.

(2) Capacité d'inspiration.

(3) Réalisme tempéré par l'optimisme.

(4) Connexion en temps réel à la réalité.

(5) Management intense et engagé.

(6) Audace dans la construction de l'avenir.

C'est indéniablement notre moment! Des échanges comme celui-ci doivent nous aider à réfléchir collectivement à la manière dont nous pouvons contribuer à façonner l'avenir prometteur de l'Afrique et générer des impacts systémiques positifs et durables.

Pour commencer, je vous invite à vous définir en répondant aux questions suivantes:

i. Votre nom, âge, situation?

ii. Où vivez-vous ? (Pays, État/Région, Ville).

iii. Quelles expériences et compétences avez-vous?

iv. De quelle région d'Afrique êtes-vous originaire ou quelle région souhaitez-vous soutenir? Quels sont les défis dans cette région?

v. Quelles compétences pouvez-vous mobiliser? Dans quel secteur souhaitez-vous contribuer? Quels réseaux sociaux ou professionnels pouvez-vous activer pour soutenir cette ambition?

vi. Comment souhaitez-vous contribuer? En étant présent·e sur le terrain en Afrique ou en travaillant en partenariat avec des acteurs locaux?

Narration ED4SP© pour (Votre nom)

Votre Profil Personnel (*dérivé des réponses aux questions i à vi*)

- Votre Mandat *(fondé sur le profil)*

- Votre Stratégie *(approche pour atteindre le mandat)*

- Votre Structure *(rôles nécessaires pour atteindre votre mandat et votre stratégie)*

- Politiques *(les cadres et limites légales de votre mandat)*

- Plateformes *(pour l'engagement des parties prenantes autour du mandat et de la stratégie)*

- Personnes *(personnes nécessaires, modalités de mobilisation, de formation et d'évaluation)*

- Culture *(culture sociale avec les parties prenantes et les soutiens)*

- Évaluation des risques systémiques et des capacités *(gestion des signaux d'alerte)*

J'ai quelques questions sur lesquelles j'aimerais que nous réfléchissions avant d'élargir l'ED4SP© que vous venez d'élaborer:

- Comment avez-vous vécu le processus?
- Avez-vous déjà mené d'autres projets personnels en Afrique?
- Comment ces projets se sont-ils déroulés?
- Avez-vous rencontré des difficultés pour atteindre les objectifs stratégiques de ces projets?
- Avec les connaissances que vous avez maintenant grâce au concept ED4SP©, auriez-vous fait les choses différemment? Si oui, qu'est-ce que vous auriez changé?
- Comment l'application du concept ED4SP© aurait-elle pu influencer vos projets précédents?

Nous allons maintenant vous accompagner pour étendre les différentes composantes de votre ED4SP© personnel vers votre propre SWOTPlus© personnel, en cohérence avec l'ED4SP© que vous avez défini. J'espère que vous apprécierez cette étape tout autant que celle de la rédaction de votre ED4SP©.

Narration SWOTPlus© pour (*Votre nom*)

Figure 6.0 — SWOTPlus© pour (Votre nom) ______________ *sur (nombre d'années)* ____________________

(Il est recommandé de planifier sur une période initiale de deux à trois ans).

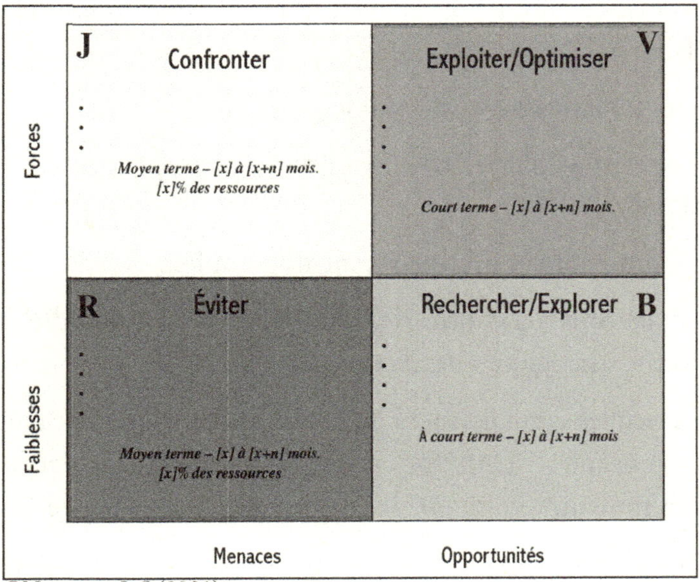

©Newman, L.S (2021)

Il vous faudra vous référer à la Figure 5.0 et à sa narration pour rédiger la vôtre. Les points 1 à 8 de cette narration devront s'appliquer à votre propre Figure 6.0 ci-dessus:

1. ....
....
....
....
....

2. ....
....
....
....
....

3. ....
....
....
....
....

4. ....
....
....
....
....

5. ....

....
....
....
....

6. ....
....
....
....
....

7. ....
....
....
....
....

8. ....
....
....
....
....

Points clés à Retenir — Partie Deux

La Partie Deux, intitulée «*L'individu*», comportait deux chapitres qui ont permis: de revoir en détail les deux concepts ED4SP© et SWOTPlus©, de réfléchir à ces concepts afin que vous puissiez développer votre propre ED4SP© et SWOTPlus©, en vous appuyant sur les enseignements tirés de l'exemple de Humain X. J'ai particulièrement apprécié ce processus et j'espère qu'il vous sera utile dans votre parcours personnel de contribution à la transformation de l'Afrique.

Dans la Partie Trois, nous appliquerons ED4SP© et SWOTPlus© à une situation organisationnelle, en utilisant un exemple fictif, Organisation Y, afin de vous guider dans la construction de votre propre schéma d'organisation pour vous positionner en acteur·rice du développement de l'Afrique dans le cadre de l'Agenda 2063: *L'Afrique que nous voulons.*

Partie Trois
Les Organisations

«Les organisations sont diverses et complexes mais partagent des éléments fondamentaux communs: leur structure sociale, leurs participants ou acteurs sociaux, leurs objectifs, leur technologie et leur environnement.» – **William Richard Scott** (2003).

Dans la même perspective, Gupta et Govindarajan (2004) expliquent que, face à une interdépendance économique croissante entre les pays, plusieurs niveaux d'agrégation organisationnelle tendent à s'articuler autour des domaines suivants:

- Présence sur les marchés.
- Chaîne d'approvisionnement.
- Base de capital.
- Culture d'entreprise ou capital humain.

Dans ce contexte, les structures organisationnelles doivent être réfléchies avec soin, car les environnements opérationnels deviennent plus dynamiques et interconnectés, sous l'effet combiné de la mondialisation, des avancées technologiques et de la mobilité croissante des individus — des frontières de plus en plus fluides remplacent les barrières qui limitaient autrefois cette mobilité. Pour illustrer ce point, l'un de mes mentors et amis à l'International Society for Performance Improvement, Addison (2004), écrivait dans un article sur l'architecture organisationnelle *«L'architecture de performance est la conception de la "maison organisationnelle" dans laquelle les trois niveaux sont intégrés pour soutenir de manière fluide la raison d'être de l'entité, qu'il s'agisse d'une entreprise, d'un service public ou d'une organisation non gouvernementale».* La proposition intemporelle d'Addison concerne la conception organisationnelle destinée à faciliter la gestion de la performance et certains aspects du benchmarking, notamment:

(a) La définition d'objectifs pertinents.

(b) Le suivi de la performance via des retours internes et externes.

(c) La mise en place d'actions correctives si nécessaire.

(d) Une communication adaptée.

(e) L'allocation efficace des ressources pour atteindre les objectifs.

(f) La coopération harmonieuse de toutes les parties prenantes pour servir la finalité de l'organisation.

Les outils ED4SP© et SWOTPlus© visent précisément à montrer comment atteindre ces objectifs de manière simple, structurée et durable.

Avec l'Accord de libre-échange continental africain (ZLECAf), rappelons que l'Afrique est aujourd'hui la plus grande zone de libre-échange au monde, regroupant un marché en forte croissance de près de 1,4 milliard de personnes. Une analyse attentive des Objectifs de développement durable (ODD) des Nations Unies (Agenda

2030) révèle sept grandes aspirations structurées en 37 domaines prioritaires. Comme présenté au Chapitre Un, le plan stratégique de transformation de l'Union africaine sur 50 ans — Agenda 2063 — s'aligne étroitement sur ces grandes orientations des ODD. L'ensemble de ces éléments converge naturellement vers les objectifs clés de la ZLECAf, en tant que catalyseur pour ouvrir l'Afrique à elle-même et au monde.

En tant que leaders, la plupart d'entre nous aspirent à laisser une trace durable dans les systèmes que nous avons eu le privilège de diriger. C'est précisément pour cette raison que de nombreux dirigeants d'entreprise oublient, dès le premier jour, qu'un moment viendra où ils devront quitter ce rôle de leadership. Bien avant d'occuper mon ancien poste de PDG, une citation de feu Colin Powell m'a profondément marquée et m'a conduite à programmer un compte à rebours numérique de 60 mois sur mon ordinateur, à partir du premier jour de chacun de mes deux mandats de cinq ans. Chaque jour, lorsque je me connectais, l'écran m'indiquait le temps restant — en mois, jours, heures, minutes et secondes. Lorsque mon mandat a été prolongé pour une deuxième période de cinq ans, j'ai poursuivi le même rituel. Cependant, dès le début de ce second mandat, j'ai pris la décision d'annoncer mon départ anticipé à la fin de la période, afin d'assurer une transition de carrière vers un nouvel horizon. La citation de Colin Powell qui m'a servi de boussole tout au long de mon parcours est la suivante: «*Évitez de placer votre ego si près de votre poste que, lorsque votre poste disparaît, votre ego parte avec.*» Grâce à cette réflexion — entre autres facteurs — les rôles que j'ai occupés n'ont jamais défini mon identité. Avec votre accord, je vous propose de garder cette citation à l'esprit dans votre réflexion sur la manière de contribuer via votre organisation en tant que leader.

Sur une note plus positive, et puisque vous avez choisi d'aborder cette section avec moi, j'aimerais partager un autre élément qui m'a beaucoup servi durant ma carrière de PDG et de consultante auprès d'entreprises opérant en Afrique tournées vers l'international. J'ai consigné cette expérience dans Newman (2020) – *Storytelling: An African Leadership Journey of Performance Improvement Innovation*, un chapitre publié dans Cases On Performance Improvement Innovation (Van Tiem and Burns IGI Global). Ma contribution y était la seule centrée sur l'Afrique. Dans ce chapitre, je mentionne l'influence majeure de Roger Kaufman (2006), qui identifie trois piliers essentiels pour assurer un succès durable:

(1) Une vision axée sur la valeur ajoutée pour la société.

(2) Une détermination collective et une compréhension partagée des objectifs et de leur justification.

(3) L'utilisation cohérente d'outils pragmatiques et fondamentaux.

J'ai eu le privilège de rencontrer et d'échanger à plusieurs reprises avec feu Roger Kaufman lors de conférences ISPI aux États-Unis entre 2001 et 2019, avant son décès en 2020. Avec cet état d'esprit, j'ai utilisé la plateforme et le mandat de mon ancienne organisation — une structure à but non lucratif réunissant régulateurs et opérateurs du secteur bancaire nigérian — pour appliquer à plusieurs reprises les dix questions de Kaufman sur la planification et la pensée «méga» à des scénarios concrets. Bien que l'organisation ait principalement servi le secteur financier, sa clientèle s'étendait à d'autres domaines, y compris des filiales internationales et des réseaux professionnels régionaux en Afrique. Elle regroupait plus de 1 570 organisations parties prenantes au Nigeria et au-delà. Mon équipe de direction et le conseil d'administration ont ainsi travaillé sur deux cycles de planification quinquennale, mettant en œuvre de nombreuses interventions et accompagnant nos clients dans leurs propres trajectoires stratégiques. Dans ce rôle, j'ai trouvé les dix questions de Kaufman particulièrement utiles pour réfléchir à chaque étape clé de ma carrière.

Alors que nous allons élaborer l'ED4SP© et le SWOTPlus© applicables à une organisation, je vous invite d'abord à revisiter la typologie des secteurs de Rosenberg (2020) présentée au Chapitre Un. Identifiez votre organisation actuelle ou cible — ou votre groupe d'organisations — selon son secteur d'appartenance : privé, public ou à but non lucratif. Ensuite, déterminez le cluster sectoriel correspondant: primaire (extraction), secondaire (transformation ou fabrication), tertiaire (services), quaternaire (innovation et savoir), ou quintenaire (élaboration des politiques nationales, infranationales ou sociales). Si vous dirigez un groupe, un conglomérat ou une entité de régulation sectorielle, plusieurs de ces clusters peuvent s'appliquer. Ensuite, je vous propose de répondre de manière lucide et objective aux dix questions de Kaufman afin d'établir un profil stratégique pour votre organisation:

Q1 - Vous souciez-vous de votre succès et de votre héritage en tant que leader?

Q2 - Vous souciez-vous du bien-être de la société et de la valeur ajoutée que vous y apportez?

Q3 - Vous souciez-vous du succès de votre organisation?

Q4 - Vous souciez-vous de l'utilité de ce que votre organisation apporte à ses clients et à la société, en Afrique ou pour l'Afrique?

Q5 - Vous souciez-vous de la qualité de ce que vous livrez à vos clients?

Q6 - Vous souciez-vous de la qualité des produits issus de votre organisation?

Q7 - Vous souciez-vous de l'efficacité opérationnelle et de la conformité de votre organisation?

Q8 - Vous souciez-vous de la disponibilité et de la qualité des ressources?

Q9 - Vous souciez-vous de l'atteinte des objectifs stratégiques de votre organisation?

Q10 - Vous souciez-vous de la valeur de ce que vous faites et de la manière dont vous le faites?

Une grande question sous-jacente est donc: Comment positionner votre organisation pour qu'elle contribue efficacement à son domaine d'action, avec des résultats systémiques et durables?

Je voudrais commencer par vous présenter le concept ED4SP© appliqué à une organisation fictive, Organisation Y. À partir de cet exemple, je vous guiderai ensuite dans l'élaboration de l'ED4SP© de l'organisation de votre choix. Par la suite, nous examinerons également le SWOTPlus© de notre pseudo–Organisation Y afin que vous puissiez construire le vôtre. Si nous suivons correctement ce processus, vous serez en mesure d'identifier clairement les éléments les plus importants pour le contexte organisationnel de votre structure dans la trajectoire de l'Afrique. Figure 7.0: schéma ED4SP© de l'Organisation Y. Figure 8.0: schéma SWOTPlus© de l'Organisation Y. Pour démarrer, nous devons établir le profil de notre organisation fictive, comme nous l'avons fait précédemment avec notre personnalité fictive, Humain X.

Profil de l'Organisation Fictive Y

L'Organisation Y, utilisée comme exemple dans la Partie Trois, est un conglomérat centenaire (120 ans) dont le siège se trouve à Addis-Abeba (Éthiopie) et qui possède des filiales en Égypte, en Afrique du Sud, au Sénégal, en République démocratique du Congo (RDC) et en Tanzanie. Il s'agit d'un opérateur du secteur privé, coté à la bourse d'Addis-Abeba, qui intervient dans trois des cinq clusters sectoriels définis par Rosenberg (2020):

(a) Secteur primaire — grâce à ses exploitations agricoles situées en Égypte, en RDC et au Sénégal.

(b) Secteur secondaire — via ses unités de transformation et de fabrication légère destinées à l'exportation en Égypte, au Sénégal et en RDC.

(c) Secteur tertiaire — grâce à ses services logistiques et ses plateformes de distribution en gros implantés dans les six pays africains où elle opère.

L'Organisation Y est un partisan actif des 17 Objectifs de développement durable (ODD). Ces objectifs sont intégrés dans les codes de gouvernance du groupe et encadrent ses politiques d'approvisionnement en matières premières, d'emploi, de gestion opérationnelle, ainsi que ses engagements en matière de responsabilité sociale auprès des communautés et gouvernements hôtes. L'organisation étudie actuellement les implications de la ZLECAf sur ses opérations, ses relations avec ses fournisseurs et prestataires, en tant qu'entreprise africaine moderne et fière de ses racines.

Dans ce contexte, l'Organisation Y souhaite contribuer activement à la réalisation de l'Agenda 2063: *L'Afrique que nous voulons*. Elle a donc établi des partenariats internationaux afin de renforcer ses capacités et d'obtenir des effets systémiques durables. Pour notre discussion, nous nous concentrerons sur le groupe dans son ensemble. Dans la pratique, pour une couverture complète, l'ED4SP© et le SWOTPlus© du groupe devraient être déclinés pour chaque filiale. Dans le cas d'un ministère ou d'un organisme de tutelle supervisant plusieurs entités opérant dans différents clusters sectoriels, il faudrait: un ED4SP© pour l'entité de supervision, puis des ED4SP© déclinés pour chaque entité subordonnée, afin d'aligner les mandats et éviter les chevauchements coûteux ou sources de conflits. Il est important de souligner que dans ce processus de déclinaison, tous les facteurs ne s'appliqueront pas uniformément à chaque filiale — certaines différences apparaîtront nécessairement.

Dans le Chapitre Six, nous analyserons l'ED4SP© et le SWOTPlus© de l'Organisation Y à titre d'exemple. Vous serez ensuite invité à élaborer l'ED4SP© et le SWOTPlus© de votre propre organisation. Notez que la Partie Trois est consacrée aux organisations, et que la structure décisionnelle et de gouvernance de chaque organisation devra être prise en compte. Votre proposition constituera donc une première ébauche personnelle, que vous devrez ensuite présenter à votre direction ou conseil d'administration pour enrichissement, validation et approbation dans le cadre des processus officiels. La discussion autour de ce brouillon pourra idéalement être facilitée par un consultant externe indépendant, disposant d'une solide expérience et d'une bonne compréhension des spécificités de votre organisation. L'objectif est que les instances dirigeantes exécutives et non exécutives participent activement à ce processus, avec une validation finale par un organe de supervision. Même si vous n'êtes pas membre du conseil d'administration, comprendre cette approche vous permettra d'engager un dialogue constructif avec votre direction et de partager ces perspectives stratégiques.

6
Les Concepts

La transformation rapide des entreprises est devenue indispensable pour suivre l'évolution du marché mondial. Pourtant, les études montrent que plus de 70% des transformations à grande échelle échouent, et que le risque lié à la transformation demeure une préoccupation majeure pour les directions. Le leadership organisationnel correspond à la capacité de guider des groupes de personnes dans la réalisation de la mission d'une organisation. Ce rôle complexe requiert des compétences multiples: planification stratégique, gestion du temps, compréhension de la mission et des valeurs de l'organisation, capacité à élaborer une stratégie alignée, anticipation des défis, innovation pour les surmonter et capacité d'adaptation aux évolutions contextuelles.

Pour mieux comprendre le fonctionnement des organisations et la manière dont elles peuvent atteindre un succès durable dans la construction de L'Afrique que nous voulons, j'ai conçu une narration ED4SP© en utilisant Organisation Y comme exemple.

Narration ED4SP© — Exemple avec Organisation Y

Figure 7.0 — Schéma ED4SP© de l'Organisation Y

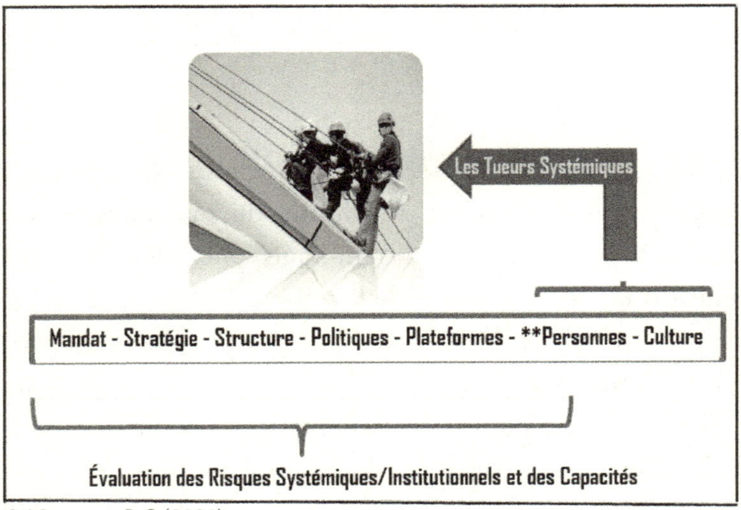

© Newman, L.S (2021)

Le Mandat: Définir le mandat de l'Organisation Y nécessite de se pencher sur les documents fondateurs du groupe — établis avec ses avocats, le registre du commerce et la bourse d'Addis-Abeba en Éthiopie — ainsi que sur les enregistrements de ses filiales dans les différents pays où elle opère. Ensuite, il faudra examiner les plans stratégiques du groupe sur la dernière décennie, ainsi qu'au moins cinq années d'états financiers pour le groupe et chacune de ses filiales. Cette analyse permettra d'établir le contexte dans lequel l'organisation évolue, ainsi que le degré de dynamisme et de résilience de ses environnements opérationnels. À partir de là, nous pourrons préciser plus finement son mandat et ses marchés cibles. Les cinq clusters sectoriels de Rosenberg (2020) ont été utilisés pour profiler l'Organisation Y comme une entreprise privée cotée à la bourse d'Addis-Abeba, opérant en Éthiopie ainsi qu'en Égypte, en Afrique du Sud, au Sénégal, en République démocratique du Congo (RDC) et en Tanzanie. En conséquence, nous pouvons noter que le groupe est stratégiquement positionné pour servir ces marchés en priorité, ainsi que l'Afrique dans son ensemble.

La Stratégie: Ici, il s'agit de définir comment l'Organisation Y compte atteindre ses objectifs en termes de performance globale, conformément à sa stratégie d'entreprise et à ses ambitions en matière de responsabilité sociétale (RSE) en tant que partenaire du développement des communautés et territoires dans lesquels elle est présente et souhaite s'étendre. Un point clé à souligner est la manière dont ses activités, produits et services intègrent la ZLECAf et promeuvent les 17 ODD. L'organisation s'appuie également sur des partenariats avec des centres d'excellence liés aux ODD pour renforcer son impact. L'analyse de ses plans stratégiques et états financiers sur cinq ans permettra d'évaluer la solidité de sa stratégie: Le groupe est-il sur la bonne voie ? Toutes les filiales avancent-elles au même rythme? Si certaines sont en retard, pourquoi? Faut-il les réaligner ou s'en séparer? Quelles en seraient les implications vis-à-vis des communautés et des juridictions hôtes? Par ailleurs, notons que le groupe dispose d'une implantation équilibrée à l'est, au nord, à l'ouest, au centre et au sud du continent, dans des environnements anglophones, francophones et arabophones — un atout stratégique pour sa croissance.

La Structure: Cette étape décrit l'organisation interne du groupe et la manière dont il structure ses rôles pour atteindre son mandat, tant au niveau central que dans les filiales, en intégrant les relations avec les parties prenantes externes (autorités de régulation, agences gouvernementales, etc.). Pour rester agile et dynamique, il est utile de se référer aux observations de Scott (2003), Gupta et Govindarajan (2004) et Addison (2004). Cela permet d'identifier des relations critiques qui pourraient autrement être négligées ou sous-exploitées. Pour une organisation complexe comme l'Organisation Y, qui opère selon une structure matricielle par secteur d'activité, localisation, langue et produit, il est fortement recommandé d'utiliser un outil d'analyse des parties prenantes tel que la grille de pouvoir et d'intérêt institutionnelle de Freeman (1983).

Les Politiques: À cette étape, il faut prendre en compte les documents juridiques fondateurs du groupe Organisation Y ainsi que ceux relatifs à l'enregistrement de chaque filiale dans son pays d'accueil, afin de bien comprendre le cadre réglementaire dans lequel l'organisation opère. Une fois ces documents étudiés, il convient d'examiner la gouvernance et les dispositifs de contrôle applicables aux conseils d'administration du groupe et des filiales, ainsi que les politiques internes concernant l'administration, la production, le stockage, la distribution, la tarification, les investissements, la gestion des ressources humaines, l'audit et la conformité. Ces «politiques» permettront à l'Organisation Y d'identifier les processus nécessaires pour atteindre légitimement ses objectifs stratégiques, tout en créant de la valeur pour ses clients et ses actionnaires en tant qu'entreprise privée. Elles définissent également les règles qui encadrent la mise en œuvre des ambitions de l'organisation à différents niveaux: lois fiscales, dispositions sur le rapatriement des revenus, réglementations sectorielles, règles bancaires, dispositions sur la résidence ou l'appartenance locale, clauses de non-concurrence et législations antitrust, etc. L'Organisation Y devra ainsi établir les limites dans lesquelles elle peut poursuivre ses ambitions, en tenant compte des différents stades de développement et de maturité des marchés, ainsi que des contextes politiques et sécuritaires des juridictions hôtes.

Les Plateformes: Ici, il s'agit de se référer aux rôles définis dans la «Structure» d'Organisation Y et de les positionner dans le cadre des «Politiques» applicables au groupe et à chacune de ses filiales. Cette démarche permettra d'identifier les besoins socio-économiques propres à chaque juridiction d'accueil ainsi que le cadre réglementaire et les politiques publiques locales. Ces éléments guideront l'organisation pour déterminer les plateformes d'intervention sociale et partenariale les plus pertinentes — celles qui complètent son modèle économique tel que défini dans son «Mandat».

Les Personnes: Cette dimension concerne essentiellement les choix de collaboration et de partenariats. L'Organisation Y devra identifier les types d'organisations partenaires avec lesquelles elle travaillera au sein de sa structure matricielle définie sous « Structure ». Elle devra déterminer: comment ces partenaires seront sélectionnés et intégrés, comment ils évolueront du cercle externe vers le cercle interne, comment leurs rôles seront ajustés, suivis, récompensés ou résiliés, et comment ces processus serviront son Mandat et ses Plateformes d'engagement. Une telle clarification permettra à l'organisation d'anticiper les succès, échecs, conflits, besoins de séparation ou de remplacement de personnes clés, tout en gardant le cap sur son mandat. Beaucoup d'organisations connaissent des dérives ou des échecs stratégiques par manque d'agilité ou d'intelligence de marché pour maintenir une position concurrentielle.

Les Culture: La culture représente le contrat social qu'Organisation Y doit entretenir avec les acteurs identifiés comme ses « Personnes », tant au sein du groupe qu'au niveau des filiales. La culture organisationnelle est un facteur de risque majeur pour les grandes structures. Elle doit donc être soigneusement encadrée par: une communication claire des politiques et des standards, une transparence sur les fondements des décisions stratégiques clés. Ces éléments permettent de prévenir les rumeurs informelles destructrices susceptibles d'éroder la culture d'entreprise. L'organisation doit aussi préciser comment les partenaires et les gouvernements — identifiés dans son «Mandat» — s'attendent à être servis, et comment elle recevra leurs retours sur l'impact de ses opérations. Une culture claire, partagée et comprise accroît l'efficacité des interventions, réduit les coûts opérationnels et renforce les synergies nécessaires à une influence systémique. À l'inverse, une culture floue ou mal communiquée peut conduire à des projets ratés et à une érosion des marges, ce qui est fréquent dans les structures matricielles complexes.

Évaluation des Risques Systémiques ou Institutionnels et des Capacités: Pour permettre à Organisation Y d'exécuter efficacement son Mandat et sa Stratégie, il sera nécessaire de recourir à des services professionnels indépendants pour l'évaluation et la communication de ses performances, aussi bien par filiale qu'au niveau du groupe. Ces évaluations objectives favoriseront un engagement optimal avec les parties prenantes. Dans le cadre d'un plan quinquennal, il est recommandé d'organiser des revues intermédiaires tous les six mois et une revue annuelle approfondie, selon le calendrier suivant:

(a) Examiner les échecs passés pour identifier les motifs récurrents et les corrélations.

(b) Détecter les signaux faibles — «ce qui peut mal tourner» — en amont.

(c) Identifier les risques pouvant compromettre la réalisation du mandat.

(d) Mesurer, évaluer et neutraliser ces risques le plus tôt possible.

(e) Définir des mesures de mitigation adaptées pour le groupe et pour chaque filiale, selon leur contexte local.

L'Organisation Y est une structure de grande envergure, opérant dans plusieurs juridictions et à travers les secteurs primaire, secondaire et tertiaire — notamment dans l'extraction, la transformation agroalimentaire, la fabrication et les services logistiques et commerciaux transfrontaliers. Cette complexité explique pourquoi l'ED4SP© appliqué à Organisation Y est une version avancée du modèle. Si votre organisation est moins complexe, ne vous inquiétez pas: les principes de l'ED4SP© sont universels et s'adaptent à toutes tailles et formes organisationnelles, quels que soient le lieu, le mode de propriété ou le secteur.

Narration SWOTPlus© — Exemple avec Organisation Y

Figure 8.0 — Schéma SWOTPlus© de l'Organisation Y

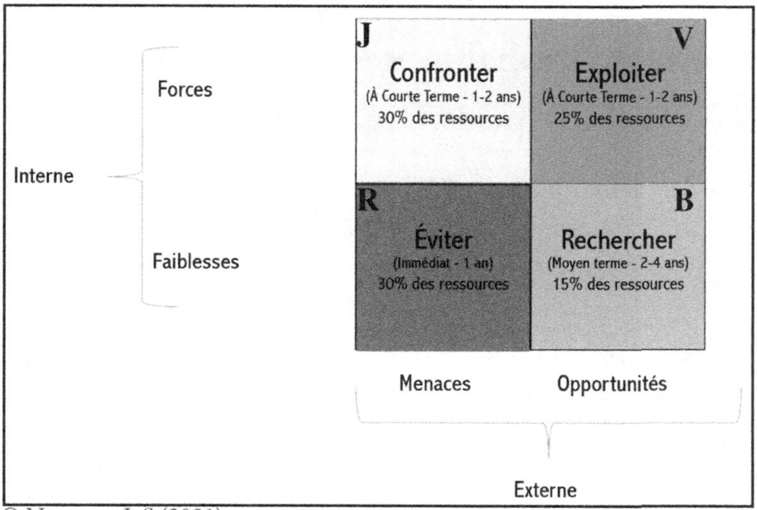

© Newman, L.S (2021)

Application du concept SWOTPlus© (*Figure 8.0*) à Organisation Y

Les forces et faiblesses de l'Organisation Y se situent en interne — au sein du groupe et des filiales — et sont donc relativement maîtrisables via les décisions des conseils d'administration et des directions. Les opportunités et menaces, en revanche, sont externes et moins contrôlables, mais l'organisation peut renforcer sa capacité à prospérer grâce à: une veille stratégique efficace, des engagements constructifs, des négociations ciblées, la construction d'alliances, l'exploitation de réseaux fiables fondés sur des données validées, et le respect des lois et réglementations locales.

Contenu Probable des Quatre Quadrants SWOTPlus© pour Organisation Y

- **R** – Une faiblesse interne + une menace externe: c'est un facteur critique à traiter en priorité pour le faire migrer vers la zone J ou B.

- **B** – Une faiblesse interne + une opportunité externe: une zone d'investissement stratégique pour renforcer les capacités internes et évoluer vers J.

- **J** – Une force interne + une menace externe: une opportunité à sécuriser et à transformer en zone V.

- **V** – Une force interne + une opportunité externe: ce sont les «fruits mûrs» à cueillir rapidement, car selon la dynamique sectorielle, la fenêtre d'opportunité peut être limitée.

Figure 9.0 Organization Y's SWOTPlus© for the five years Narration

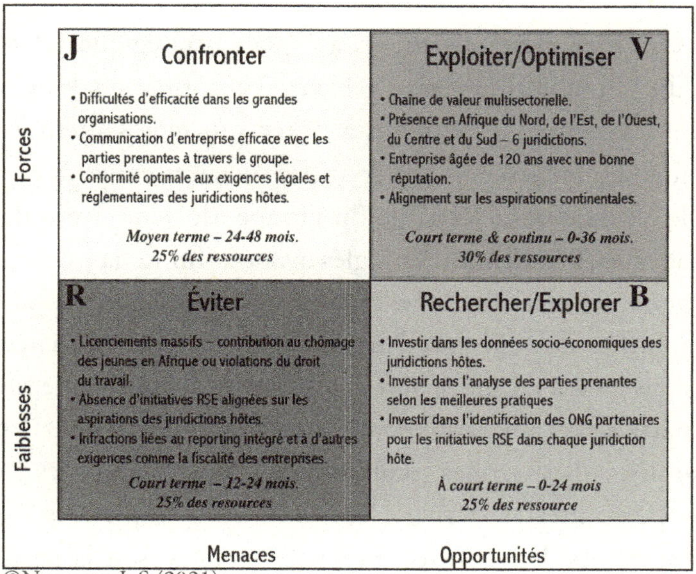

©Newman, L.S (2021)

Narration de la *Figure 9.0* — SWOTPlus© de l'Organisation Y pour les Deux Premières Années

Nous avons pu établir le SWOTPlus© de l'Organisation Y car son ED4SP© était bien aligné:

1. Le contenu des quatre quadrants du SWOTPlus© d'Organisation Y est très clair en matière de priorités stratégiques: ce qu'il faut éviter, approfondir, affronter et exploiter.

2. La clarté de la conception organisationnelle, décrite de manière structurée, a facilité l'identification et la liste

des enjeux clés dans chaque quadrant.

3. Grâce à cette clarté et au plan stratégique global du Groupe, il est aisé de fixer les priorités sur les cinq ans à venir: Les éléments à éviter, qui représentent à la fois des faiblesses internes et des menaces externes pour le Mandat et la Stratégie du groupe, doivent être traités dans les 0 à 12 mois et réglés avant la fin de la première année du plan. Les zones d'opportunités mais de faiblesses internes doivent faire l'objet de recherches et d'analyses dans les 0 à 24 mois, afin de permettre au groupe de tirer parti de ces investissements stratégiques dès la deuxième année. Les zones combinant forces internes et opportunités externes doivent être exploitées ou optimisées dans les trois premières années (soit la moitié de la période de planification). Enfin, les zones représentant des forces internes mais confrontées à des faiblesses externes dans le champ du Mandat et de la Stratégie doivent être pleinement affrontées entre 24 et 48 mois afin d'obtenir des résultats systémiques mesurables, utiles pour préparer la période suivante et progresser vers le premier bloc de dix ans dans la trajectoire de l'Agenda 2063

4. En s'appuyant sur cette logique, l'Organisation Y peut allouer efficacement ses ressources à chaque axe stratégique. Ce processus facilite la gestion des revenus, de la liquidité, du temps et de l'engagement matériel. Le total des ressources affectées pour la première année doit toujours représenter 100%.

5. Ce dispositif permettra à l'Organisation Y de mesurer les résultats systémiques de ses interventions dans ses six juridictions d'accueil.

6. L'un des objectifs est également de s'assurer que, lorsque les enjeux sont traités, ils sont déplacés vers d'autres zones de la matrice SWOTPlus©: Les éléments de la zone R doivent migrer vers les zones J ou B. Ceux de la zone B peuvent rejoindre la zone V s'ils sont transformés en forces. Ceux de la zone J doivent naturellement évoluer vers la zone V, où l'ensemble des éléments devrait idéalement se retrouver à la fin de la période de planification.

7. Enfin, l'Organisation Y doit veiller — dans une optique de gestion et de mitigation des risques — à ce qu'aucun élément ne rétrograde des zones J, B ou V vers la zone R, en restant informée, vigilante et agile pour réajuster ses priorités stratégiques lorsque nécessaire.

Synthèse — ED4SP© et SWOTPlus© Organisationnels

Dans le chapitre six, nous avons vu comment ED4SP© et SWOTPlus© peuvent s'appliquer à une organisation en utilisant Organisation Y comme exemple. Nous avons également constaté que l'attention portée à l'ED4SP© facilite grandement l'application du SWOTPlus©. Dans le prochain chapitre, vous disposerez d'un espace de réflexion personnelle pour élaborer l'ED4SP© et le SWOTPlus© de votre propre organisation, au moins pour une période initiale de planification. Cette base pourra ensuite être enrichie et discutée avec vos pairs et votre organe de gouvernance. Si vous avez la possibilité de partager ces réflexions avec votre conseil d'administration, je serais ravie d'apprendre comment les échanges évoluent. J'ai hâte de recevoir vos retours une fois ce travail achevé.

7

Réflexions sur Les Concepts

Dans son ouvrage Essentialism: The Disciplined Pursuit of Less, McKeown (2014) écrit, "«*L'essentialisme est une approche disciplinée et systématique visant à déterminer où se situe notre contribution la plus forte, puis à rendre l'exécution de ces priorités presque sans effort*». Dans une perspective similaire, Newman (2011) cite Charan (2009) dans, Leadership In The Era of Economic Uncertainty: New Rule For Getting The Right Things Done In Difficult Times, L'auteur y énumère six qualités de leadership essentielles pour les périodes de crise:

(1) L'honnêteté et la crédibilité.

(2) La capacité d'inspirer.

(3) Le réalisme tempéré par l'optimisme.

(4) La connexion en temps réel avec la réalité.

(5) Une gestion intense et déterminée.

(6) L'audace dans la construction de l'avenir.

L'Afrique est en pleine transformation. Compte tenu de la croissance démographique projetée et de l'impact de la ZLECAf et de l'Agenda 2063, les organisations et institutions africaines subissent une pression croissante pour s'impliquer davantage dans le développement socio-économique de leurs communautés et territoires d'accueil. Cette pression s'est accrue face aux lacunes observées dans les filets de protection sociale sur le continent. De nombreux gouvernements se tournent ainsi vers les entreprises et institutions africaines, notamment celles du secteur privé et des organisations à but non lucratif, pour obtenir un soutien financier et matériel.

La grande question est donc: au regard de tout ce que nous avons abordé jusqu'ici et de l'exemple de l'Organisation Y, comment votre organisation souhaite-t-elle s'impliquer?

Vous allez maintenant rédiger votre propre ED4SP© puis SWOTPlus©, en vous appuyant sur la structure présentée au Chapitre Six. Pour commencer, il s'agit de définir votre organisation en répondant aux questions suivantes (comme cela a été fait pour l'Organisation Y):

a. Quel est le nom de votre organisation?

b. Depuis combien de temps est-elle en activité?

c. Relève-t-elle du secteur privé, public ou à but non lucratif? Dans quelle industrie?

d. Où est-elle implantée? (pays, État/région, ville, comté)?

Narration ED4SP© pour (*Nom de l'organisation*)

- Profil de l'Organisation *(d'après les réponses à a, b, c et d)*

- Son Mandat *(fondé sur le profil)*

- Sa Stratégie *(approche pour réaliser le mandat)*

- Sa Structure *(rôles nécessaires à la mise en œuvre du mandat et de la stratégie)*

- Ses Politiques *(cadre juridique dans lequel elle peut réaliser son mandat)*

- Ses Plateformes *(canaux d'engagement avec les parties prenantes autour du mandat et de la stratégie)*

- Ses Personnes *(profils nécessaires — recrutement, formation, évaluation)*

- Sa Culture *(contrat social de l'organisation avec ses parties prenantes)*

- Ses Risques Systémiques et Evaluation des *Capacités (gestion des signaux d'alerte)*

Avant d'étendre l'ED4SP© que vous venez de concevoir pour votre organisation, je vous propose de réfléchir aux questions suivantes:

- Comment avez-vous vécu ce processus?
- Votre organisation a-t-elle déjà mené des projets de RSE (responsabilité sociétale des entreprises) en Afrique?
- Comment se sont déroulés ces projets?
- Quelles difficultés avez-vous rencontrées?
- À la lumière du concept ED4SP©, que feriez-vous différemment?
- Comment l'application d'ED4SP© aurait-elle pu transformer vos projets?

Nous allons maintenant vous guider dans l'extension des différents éléments de votre ED4SP© vers votre SWOTPlus©, en les adaptant au contexte de votre organisation. J'espère que vous avez apprécié la rédaction de votre ED4SP©.

Narration SWOTPlus© pour (*Nom de l'organisation*)

Figure 10.0 – SWOTPlus© pour [Nom de l'organisation] sur [durée en années] (prévision recommandée: 5 ans).

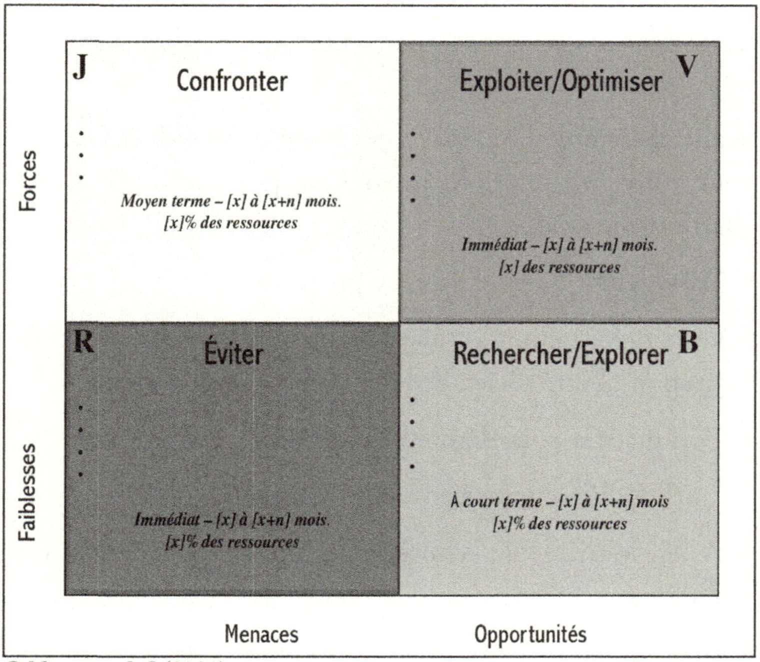

Pour rédiger cette section, reportez-vous à la *Figure 9.0* et à ses explications. Les points 1 à 8 de la narration doivent s'appliquer à votre *Figure 10.0* ci-dessus:

1. ....
....
....
....

2. ....
....
....
....

3. ....
....
....
....

4. ....
....
....
....

5. ....
....
....
....

6. ....
....

....

....

7. ....

....

....

....

8. ....

....

....

....

Points clés à Retenir – Partie Trois

Part La Partie Trois, intitulée à juste titre «Les organisations», comportait deux chapitres consacrés à la présentation et à la réflexion sur les deux concepts ED4SP© et SWOTPlus©. Vous y avez élaboré votre propre ED4SP© et SWOTPlus© en vous appuyant sur les observations issues de l'exemple de l'Organisation Y, afin de positionner de manière proactive votre organisation pour contribuer positivement à la transformation de l'Afrique.

Dans la Partie Quatre, nous appliquerons les concepts ED4SP© et SWOTPlus© à une juridiction, en utilisant l'exemple fictif de Juridiction Z, afin de vous guider dans la définition du rôle de votre pays dans *L'Afrique que nous voulons.*

Partie Quatre
Juridictions

«Nous ne sommes pas seulement tous responsables de la sécurité les uns des autres. Nous sommes aussi, dans une certaine mesure, responsables de notre bien-être mutuel. La solidarité mondiale est à la fois nécessaire et possible. Elle est nécessaire parce que, sans un minimum de solidarité, aucune société ne peut être véritablement stable, et la prospérité de personne ne peut être vraiment assurée.» – **Kofi Anan**

En septembre 2015, l'Assemblée générale des Nations Unies a adopté l'Agenda 2030 pour le développement durable, qui comprend 17 Objectifs de développement durable (ODD). S'appuyant sur le principe de «ne laisser personne de côté», ce programme met l'accent sur une approche globale visant à atteindre un développement durable pour tous. Presque tous les pays du monde se sont engagés à améliorer la planète et la vie de leurs citoyens d'ici 2030. Les 17 objectifs mondiaux, également appelés ODD, sont:

(1) Pas de pauvreté.

(2) Faim «zéro».

(3) Bonne santé et bien-être.

(4) Éducation de qualité.

(5) Égalité entre les sexes.

(6) Eau propre et assainissement.

(7) Énergie propre et d'un coût abordable.

(8) Travail décent et croissance économique.

(9) Industrie, innovation et infrastructures.

(10) Réduction des inégalités.

(11) Villes et communautés durables.

(12) Consommation et production responsables.

(13) Lutte contre les changements climatiques.

(14) Vie aquatique.

(15) Vie terrestre.

(16) Paix, justice et institutions efficaces.

(17) Partenariats pour la réalisation des objectifs. (ONU, mars 2020).

Selon l'Union africaine, l'Agenda 2063 constitue la feuille de route et le plan directeur visant à faire de l'Afrique la prochaine grande puissance mondiale. L'Agenda 2063 est né de la prise de conscience par les dirigeants africains de la nécessité de recentrer et de redéfinir les priorités du continent. Autrefois focalisée sur la lutte contre l'apartheid et la conquête de l'indépendance politique, l'Organisation de l'unité africaine (OUA) — ancêtre de l'Union africaine (UA) — laissait peu de place à d'autres priorités. L'UA a donc réorienté son action vers le développement économique et social inclusif, l'intégration régionale et continentale, la gouvernance démocratique, la paix et la sécurité, entre autres enjeux majeurs pour repositionner l'Afrique comme acteur influent sur la scène mondiale. Dans cette optique, l'Agenda 2063 repose sur sept aspirations majeures et 37 domaines prioritaires:

(1) Une Afrique prospère fondée sur une croissance inclusive et un développement durable.

(2) Un continent intégré, politiquement uni, inspiré par le panafricanisme et la vision de la Renaissance africaine.

(3) Une Afrique caractérisée par une bonne gouvernance, la démocratie, le respect des droits humains, la justice et l'État de droit.

(4) Une Afrique pacifique et sécurisée.

(5) Une Afrique dotée d'une forte identité culturelle, d'un patrimoine commun, de valeurs et d'une éthique partagée.

(6) Une Afrique dont le développement est porté par ses populations, en particulier les femmes et les jeunes, et qui prend soin des enfants.

(7) Une Afrique forte, unie, résiliente et influente sur la scène internationale.

Pour en faciliter la mise en œuvre, le plan de l'Agenda 2063 est divisé en cinq étapes progressives de dix ans. Le Premier Plan Décennal de Mise en Œuvre (2013–2023) constitue la première de ces étapes. Il définit 20 domaines thématiques, liés aux sept aspirations et aux 37 domaines prioritaires, à mettre en œuvre au niveau national par chaque juridiction africaine.

Selon Wikipédia, la Zone de libre-échange continentale Africaine (ZLECAf) est une zone de libre-échange créée entre les pays africains. Cet accord fait de la ZLECAf la plus vaste zone de libre-échange au monde en nombre de pays participants depuis la création de l'Organisation mondiale du commerce. Ses objectifs généraux sont de:

(a) Créer un marché unique, approfondissant l'intégration économique du continent.

(b) Établir un marché libéralisé grâce à plusieurs cycles de négociations.

(c) Faciliter la circulation des capitaux et des personnes pour encourager l'investissement.

(d) Évoluer vers une future union douanière continentale.

(e) Favoriser un développement socio-économique durable et inclusif, l'égalité des genres et des transformations structurelles dans les États membres.

(f) Accroître la compétitivité des États membres en Afrique et sur le marché mondial.

(g) Promouvoir le développement industriel via la diversification, les chaînes de valeur régionales, l'agriculture et la sécurité alimentaire.

(h) Résoudre les problèmes liés aux multiples appartenances régionales.

Dans le Chapitre Un, nous avons noté le paradoxe Africain: un continent richement doté en ressources naturelles mais qui peine à transformer cette richesse en prospérité pour sa population. Ainsi, malgré son potentiel, l'Afrique demeure techniquement le continent le plus pauvre du monde, en termes de revenu par habitant et d'indicateurs de développement humain. Pour citer

Nelson Mandela: *«Vaincre la pauvreté n'est pas un acte de charité, c'est un acte de justice. Comme l'esclavage et l'apartheid, la pauvreté n'est pas naturelle. Elle est le produit de l'action humaine, et elle peut être surmontée et éradiquée grâce à des actions humaines.»*

Dans ce contexte et dans l'esprit *d'Ubuntu*, deux grandes questions guideront notre réflexion dans cette Partie Quatre:

[a] Comment une juridiction africaine peut-elle renforcer sa contribution à la transformation souhaitée du continent?

[b] Comment une juridiction peut-elle appliquer les concepts ED4SP© et SWOTPlus© pour influencer positivement les dynamiques systémiques de manière graduelle mais constante?

Si vous êtes: un membre de la diaspora africaine, un responsable gouvernemental à quelque niveau que ce soit (national, infranational ou sectoriel), un Africain aspirant à une fonction politique, un fonctionnaire international œuvrant dans le développement en Afrique, ou un chercheur intéressé par l'Afrique et impliqué dans les structures administratives des cinq blocs régionaux, alors cette discussion vous est destinée. Comme indiqué précédemment, il s'agit ici d'une conversation pratique et simplifiée autour de deux concepts — nous n'entrerons donc pas dans des théories complexes sur le développement, les relations internationales ou la gouvernance.

Nous allons donc commencer par appliquer le concept

ED4SP© à une juridiction fictive — Juridiction Z — avant de vous guider dans l'élaboration de votre propre ED4SP© national. Ensuite, nous examinerons le SWOTPlus© correspondant à cette même juridiction modèle, pour vous permettre de concevoir le vôtre. Si nous menons correctement cet exercice, vous aurez une vision claire des priorités stratégiques de votre juridiction. F*igure 11.0*: schéma ED4SP© de Juridiction Z. *Figure 12.0*: schéma SWOTPlus© de Juridiction Z. Pour commencer, définissons le profil de notre juridiction fictive.

Profil de la Juridiction Fictive Z

La Juridiction Z est une ancienne colonie portugaise ayant accédé à l'indépendance en 1960. Située en Afrique australe, elle est membre de la Communauté de développement de l'Afrique australe (CDAA). La CDAA est une organisation intergouvernementale basée à Gaborone (Botswana). Elle a pour objectif de renforcer la coopération et l'intégration socio-économique régionale, ainsi que la coopération politique et sécuritaire entre ses 16 États membres. Elle constitue l'un des cinq blocs sous-régionaux de l'Union Africaine. La Zone de libre-échange de la CDAA a été établie en 2008, à la suite de la mise en œuvre du Protocole sur le commerce (2000). Dans cette dynamique, la Juridiction Z envisage d'étendre cette expérience au cadre continental de la ZLECAf.

Juridiction Z compte une population de 21 millions

d'habitants et est organisée administrativement en quatre provinces, vingt-six municipalités et trois cent une communautés. Son économie est majoritairement agricole, puisque 75% de la population vit en milieu rural. La diaspora représente environ 10 % de la population, principalement installée en Europe. Plus de la moitié des habitants (55%) vivent avec moins de deux dollars Américains par jour. Le taux de chômage des jeunes atteint 52%, tandis que le taux d'abandon scolaire est de 40%, un phénomène lié notamment aux grossesses précoces et aux mariages coutumiers. Le dernier recensement national remonte à quinze ans et la dernière révision constitutionnelle date de 1990. Pays enclavé sans accès direct à la mer, il est régi par un régime démocratique doté d'un système constitutionnel hybride. Des élections générales ont lieu tous les quatre ans. Le territoire dispose de ressources minières importantes, notamment en cuivre, minerai de fer, aluminium et or, ainsi que de ressources agricoles variées comme le bois, la noix de cajou, le coton et le thé.

Nous examinerons donc l'ED4SP© et le SWOTPlus© de la Juridiction Z comme exemple pratique. Plus loin dans cette partie, vous serez guidé pas à pas pour rédiger ceux de votre propre juridiction. Il est important de préciser que le document que vous produirez sera une première ébauche personnelle, destinée à être présentée, débattue et enrichie avec vos parties prenantes et les instances concernées. Si vous êtes un responsable national ou local, sachez que ces principes et démarches sont flexibles et adaptables à de nombreux contextes.

8

Les Concepts

Le terme «concepts», dans ce chapitre, fait référence à la juridiction, c'est-à-dire un pays ou un territoire disposant d'un pouvoir constitutionnel pour prendre des décisions et rendre des jugements légaux. En termes simples, une juridiction est la zone géographique dans laquelle une entité peut agir ou exercer son autorité conformément à la constitution du territoire concerné. La constitution fournit le cadre qui régit le pays ou le territoire, protège les droits des citoyens ainsi que ceux des individus et organisations opérant légalement sur ce territoire. Toutes les juridictions cherchent à atteindre un ensemble d'objectifs sociaux généraux, notamment: l'efficacité économique, la croissance, la liberté, l'équité, la stabilité, et la sécurité. Le degré de réussite d'une juridiction dans la poursuite de ces objectifs détermine en grande partie la qualité de vie de sa population. Pour consolider leur économie, les juridictions adoptent des lois qui accordent des avantages douaniers et des exonérations fiscales nationales et infranationales. Elles offrent ainsi aux individus et aux organisations un environnement réglementaire libéral, propice au commerce et à l'investissement. L'objectif est d'attirer les investissements étrangers et les collaborations, de faciliter l'accès des produits et services nationaux au marché mondial, de créer des emplois et de générer des devises pour le pays ou le territoire concerné.

Dans ce chapitre, nous allons clarifier le concept de juridiction et montrer comment son application peut contribuer à la réalisation de «*L'Afrique que nous voulons*», en utilisant Juridiction Z comme exemple.

Narration ED4SP© Appliquée à Juridiction Z (Exemple)

Figure 11.0: Schéma ED4SP© de Juridiction Z

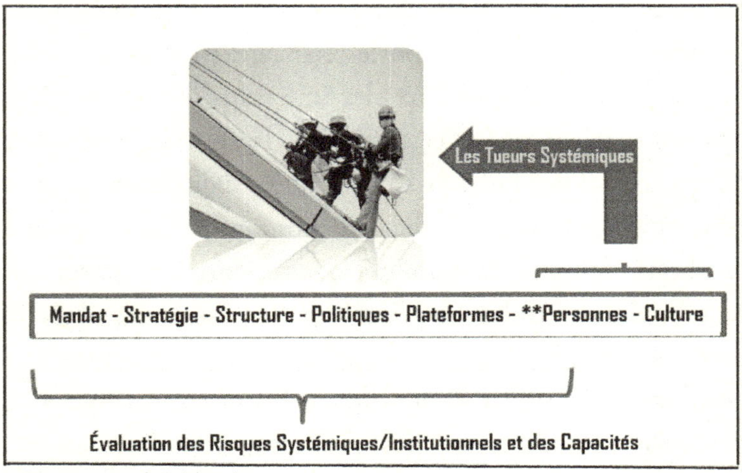

© Newman, L.S (2021)

Le Mandat: La constitution est la référence fondamentale pour le mandat d'une juridiction. Elle définit l'existence et les prérogatives de l'État ainsi que de ses entités infranationales. Elle établit le cadre de gouvernance, protège les droits de tous et précise les modalités de création des lois ainsi que le fonctionnement des institutions publiques. Il est important de rappeler que l'Afrique n'est pas un pays. C'est le deuxième plus grand continent et le deuxième plus peuplé au monde après l'Asie. Les nations africaines coopèrent à travers l'Union africaine (UA), une union continentale regroupant 55 États membres, dont le siège est à Addis-Abeba (Éthiopie). Le Chapitre Un offre le contexte continental complet dans lequel s'inscrit notre juridiction fictive, Juridiction Z.

La Stratégie: Pour Juridiction Z, il s'agit d'examiner son plan national de développement. Un plan national est une vision à long terme pour le développement de l'économie d'un pays. Certains États adoptent des plans quinquennaux ou décennaux, d'autres des plans glissants sur trois ans ou deux cycles de cinq ans. L'un des défis identifiés en Afrique (cf. Chapitre Un) est le manque de planification à long terme et d'engagement dans la durée, contrairement à plusieurs pays asiatiques. C'est pourquoi l'Agenda 2063: L'Afrique que nous voulons est salué. Dans le cas de Juridiction Z, le plan national doit: tenir compte de la situation et des besoins nationaux, s'aligner sur les 17 ODD, intégrer les sept aspirations de l'Agenda 2063, et démontrer la préparation à la ZLECAf. Ce plan doit s'appuyer sur des données fiables. Étant donné que Juridiction Z repose principalement sur une économie agricole, une stratégie clé pourrait être de renforcer les secteurs progressifs pour accroître la valeur ajoutée du secteur primaire et de diversifier son économie extractive.

La Structure: La structure définit la manière dont les différents niveaux de gouvernement sont organisés, supervisés et tenus responsables devant la population. Pour Juridiction Z, ces niveaux incluent : au niveau national: exécutif, législatif et judiciaire, au niveau infranational: États et collectivités locales. Dans un système parlementaire, la structure pourrait comprendre un échelon fédéral et régional, puis des niveaux provinciaux, municipaux et communautaires. Juridiction Z dispose d'un système hybride adapté à son histoire. Les rôles des secteurs privé, public et social ainsi que des ministères, départements et agences doivent être clairement définis par la loi. La grande question ici est: Les mandats de ces entités complètent-ils le plan national ? Le plan national est-il aligné sur les objectifs continentaux et sous-régionaux? L'atteinte des 17 ODD et des sept aspirations de l'Agenda 2063 dépendra de la clarté de cette structure.

Les Politiques: Il s'agit des lois et chartes qui encadrent les rôles définis dans la structure. Pour être efficaces, les pouvoirs constitutionnels doivent être clairs, compris et appliqués. L'incertitude politique nuit à la planification et pousse les institutions à adopter des comportements défensifs. Les politiques doivent donc garantir: une séparation effective des pouvoirs, un système de freins et contrepoids, l'autonomie judiciaire, et l'indépendance des institutions spécialisées.

Les Plateformes: Les plateformes se réfèrent aux espaces et mécanismes qui permettent la coordination et l'engagement entre les différents acteurs de la structure. Elles doivent : identifier les défis de performance à chaque niveau infranational, répondre aux besoins socio-économiques locaux, faciliter les réunions statutaires entre les acteurs publics, privés, sociaux et communautaires, et inclure les OSC, ONG et citoyens dans la prise de décision (législation, résolution de conflits, budgétisation, planification, reporting). Une plateforme bien structurée permet de renforcer la transparence et la légitimité de l'action publique.

Les Personnes: Cette réflexion concerne, sur le plan technique, la prise de décisions en matière d'enrôlement. La Juridiction Z devra identifier les entités infranationales, ministères, départements et agences nécessaires à la mise en œuvre de chacun des 17 ODD et des axes thématiques de l'Agenda 2063, dans une structure matricielle. La question centrale est la suivante: Comment ces entités seront-elles sélectionnées, intégrées, accompagnées, suivies, puis éventuellement retirées ou récompensées au fil du parcours, conformément à la constitution de Juridiction Z et aux plateformes d'engagement définies? De nombreux pays africains rencontrent des difficultés à mettre en place des plateformes efficaces de dialogue civique et à recueillir des retours constructifs de leurs citoyens — ce qui alimente souvent frustrations et contestations. La priorité stratégique pour Juridiction Z doit donc être un engagement fort à la base, en s'appuyant sur les niveaux infranationaux, avec inclusivité et diversité pour porter et partager la vision d'un renforcement progressif des secteurs stratégiques, afin d'augmenter la valeur ajoutée et l'impact socio-économique. Enfin, dans un contexte démocratique où les cycles électoraux peuvent freiner ou détourner les plans à long terme, l'échec de la planification n'est pas une option pour une juridiction africaine qui aspire à une croissance durable dans la conjoncture actuelle du continent.

La Culture: La culture constitue le contrat social entre la juridiction et ses citoyens. La constitution doit préciser clairement : les droits et responsabilités des citoyens et résidents, ainsi que les obligations du gouvernement aux niveaux national et infranational. Dans le cas de Juridiction Z, l'hymne national et le serment d'allégeance, intégrés à la constitution, accompagnés de dispositions civiles et pénales, donnent le ton. Cela souligne le rôle essentiel: du pouvoir judiciaire, des autorités locales, et des systèmes traditionnels dans la cohésion sociale. La culture est un facteur de risque élevé pour les juridictions en transition comme Juridiction Z. Le leadership doit donc: formuler une vision inspirante et partagée, manifester un engagement clair, écouter activement les différentes composantes de la société. La participation active de la société civile, des ONG, des forces de l'ordre et des autorités traditionnelles est indispensable à la réussite de cette dynamique.

Évaluation des Risques Systémiques ou Institutionnels et des Capacités: Pour que Juridiction Z applique efficacement les dispositions de sa constitution et de ses plans nationaux tels que définis dans les sections «Mandat» et «Stratégie», elle doit pouvoir s'appuyer sur des institutions indépendantes, performantes et bien alignées. Parmi celles-ci, on retrouve notamment: Bureau du Comptable général, Office national de la statistique, Bureau du Procureur général, Conseil judiciaire, Commission anticriminalité, Commission de lutte contre la drogue et le crime, Commission électorale indépendante, Banque centrale, Bureau du Défenseur public, Commission de la Police, Services de sécurité de l'État, Ministère de la Défense, Commission nationale de la population. Ces institutions indépendantes jouent des rôles complémentaires essentiels : certaines sont chargées de la collecte, l'analyse et le reporting périodique des données, d'autres interviennent dans la prévention et l'atténuation de risques émergents afin de préserver la stabilité ou de désamorcer des crises potentielles avant qu'elles ne deviennent explosives.

En tant que membre de la SADC, Juridiction Z devra probablement faire face à plusieurs défis communs aux pays de la région : sociaux, économiques, commerciaux, éducatifs, sanitaires, diplomatiques, sécuritaires et de défense, ainsi que politiques. Les objectifs de coopération socio-économique, politique et sécuritaire de la SADC sont larges et visent précisément à répondre à ces défis. Juridiction Z est donc bien positionnée pour agir en synergie avec la SADC et dans le cadre des aspirations stratégiques de l'Union Africaine.

À ce stade, rappelons que l'ED4SP© que nous venons de passer en revue pour Juridiction Z s'applique à une juridiction unique. Mais ce même processus peut être étendu à la SADC ou à tout autre bloc sous-régional Africain, en appliquant les mêmes principes méthodologiques.

SWOTPlus© Narration With Jurisdiction Z In View As A Sample

Figure 12.0 Schematic for Jurisdiction Z's SWOTPlus©

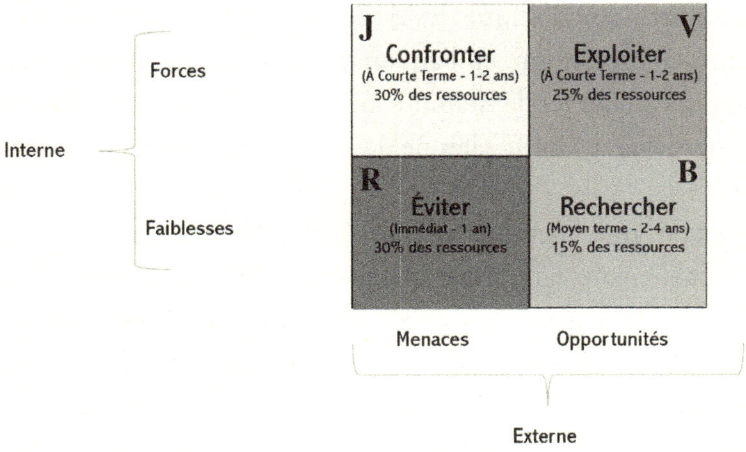

© Newman, L.S (2021)

Application du Concept SWOTPlus© à Juridiction

Les forces et faiblesses sont internes à Juridiction Z. Les opportunités et menaces, en revanche, sont externes à la juridiction et donc relativement incontrôlables. La capacité de Juridiction Z à prospérer et à anticiper les turbulences dépendra notamment de: l'efficacité de sa constitution, la clarté de ses plans nationaux, la qualité de son renseignement, sa capacité à négocier et à bâtir des alliances, l'exploitation judicieuse des réseaux sous-régionaux et continentaux, l'ancrage dans des données validées et la conformité au cadre constitutionnel.

Likely Contents of the Four Quadrants for Jurisdiction Z

- **R** – Faiblesse interne + menace externe: C'est la zone la plus critique. Ces éléments doivent être traités en priorité pour être déplacés vers la zone J ou B.

- **B** – Faiblesse interne + opportunité externe: Ce sont des zones à explorer et renforcer. Investir, collecter plus d'informations et élaborer une stratégie pour transformer cette faiblesse en force et évoluer vers la zone J.

- **J** – Force interne + menace externe: Un bon point d'appui: l'objectif est de contenir et conquérir pour convertir ces éléments en opportunités et les faire passer en zone V.

- **V** – Force interne + opportunité externe: Ce sont des «fruits à portée de main». Ils doivent être exploités rapidement, car ces fenêtres d'opportunités peuvent se refermer avec le temps et l'évolution sectorielle.

Figure 13.0 — SWOTPlus© de Juridiction Z sur cinq ans

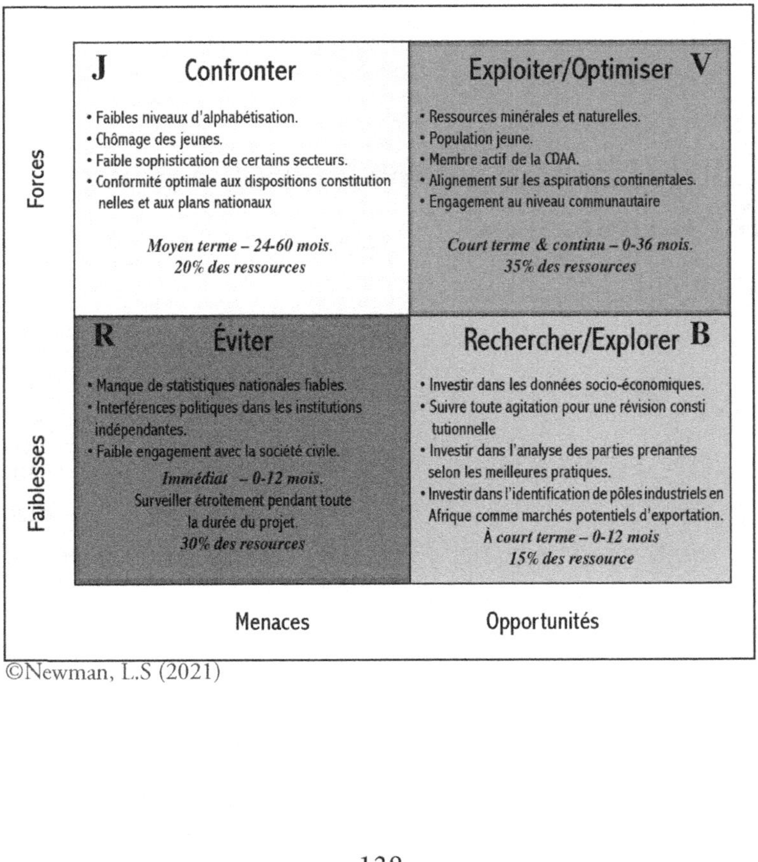

Narration de la Figure 13.0: SWOTPlus© de Juridiction Z — Première Période de Cinq Ans

Nous avons pu établir le SWOTPlus© de la Juridiction Z parce que le ED4SP© était bien aligné. Par conséquent,

1. Parce que l'ED4SP© de Juridiction Z était bien aligné, il a été possible de définir clairement les éléments à éviter, à explorer, à affronter et à exploiter dans chacun des quatre quadrants SWOTPlus©.

2. La clarté dans la description de l'entité a permis d'identifier précisément les enjeux stratégiques propres à chaque quadrant..

3. Compte tenu de la situation nationale de Juridiction Z (telle que décrite dans l'ED4SP©), il est aisé de prioriser les actions pour les cinq années à venir: Les éléments situés dans la zone R (faiblesse interne + menace externe) doivent être traités dans les 12 premiers mois, afin d'éliminer les risques critiques. Les opportunités externes correspondant à des faiblesses internes (zone B) doivent être recherchées et étudiées dans la première année, pour pouvoir être exploitées ensuite. Les forces internes associées à des opportunités externes (zone V) doivent être exploitées dans les trois premières années. Les forces internes confrontées à des menaces externes (zone J) doivent être pleinement affrontées entre 24 et 60 mois pour générer des résultats systémiques mesurables et préparer la phase suivante de l'Agenda 2063.

4. En s'appuyant sur ce découpage stratégique, Juridiction Z peut allouer les ressources appropriées à chaque axe prioritaire et les traduire dans les budgets nationaux annuels, en cohérence avec les projections de recettes, de dépenses d'investissement, de temps et de ressources humaines.

5. Ce mécanisme permettra à Juridiction Z de mesurer les effets systémiques des interventions, notamment via l'Office national de la statistique.

6. L'objectif global est que les problèmes évoluent positivement d'un quadrant à l'autre: les éléments du quadrant R doivent migrer vers J ou B, ceux du quadrant B vers V une fois les faiblesses corrigées, et ceux du quadrant J vers V une fois les menaces contenues.

7. uridiction Z doit éviter qu'un élément ne régresse de J, B ou V vers R. Cela suppose une veille stratégique constante et une implication active du leadership national.

Synthèse — ED4SP© et SWOTPlus© au Niveau Juridictionnel

Dans ce Chapitre Huit, nous avons vu comment appliquer ED4SP© et SWOTPlus© à une juridiction unique ou à un cluster de juridictions, à travers l'exemple de Juridiction Z. Nous avons également démontré qu'un ED4SP© solide facilite grandement l'élaboration d'un SWOTPlus© efficace et opérationnel. Dans le Chapitre Neuf, vous serez guidé dans l'élaboration d'un ED4SP© et d'un SWOTPlus© pour la juridiction de votre choix, ou pour un ensemble de juridictions, selon vos besoins et vos priorités stratégiques.

9

Réflexions sur les Concepts

S'appuyant sur les progrès déjà enregistrés depuis la mise en place des ODD et de l'Agenda 2063, plusieurs pays prennent déjà des mesures pour traduire les ambitions exprimées dans l'Agenda 2030 en résultats concrets pour leurs populations; ils commencent par intégrer les ODD dans leurs visions et plans nationaux. Toutes ces démarches sont hautement transformatrices pour l'Afrique et méritent d'être saluées! Cependant, les grandes questions sont les suivantes:

[a] Comment éviter les politiques et pratiques qui freinent la capacité de l'Afrique à innover davantage et à promouvoir la pensée critique au niveau communautaire?

[b] Compte tenu de ce que nous avons discuté jusqu'à présent et de ce que nous avons examiné à l'aide de la Juridiction Z, comment souhaitez-vous procéder pour votre juridiction ou votre groupe de juridictions?

Vous devrez maintenant rédiger un ED4SP© puis un SWOPTPlus© pour la juridiction que vous aurez choisie. Si vous êtes un dirigeant africain ou un membre de la diaspora africaine et que vous souhaitez utiliser ces concepts pour esquisser votre pays idéal afin de déterminer comment vous pouvez le mieux contribuer — en tant que conseiller politique, bâtisseur national bénévole ou consultant offrant des services de conseil — j'ai hâte de découvrir votre proposition!

Narration ED4SP© pour *(Nom de la juridiction)*

- Profil de la Juridiction (*s'appuyer sur la description de la Juridiction Z*)

- Son Mandat *(fondé sur le profil et la constitution)*

- Sa Stratégie *(fondée sur le plan national)*

- Sa Structure *(institutions nationales, infranationales et spécialisées)*

- Ses Politiques *(dispositions légales et publications officielles)*

- Ses Plateformes *(pour l'engagement des parties prenantes autour du mandat et de la stratégie)*

- Ses Personnes *(entités incluses dans la structure et dispositions légales relatives aux mandats)*

- Sa Culture *(interactions aux niveaux national, infranational et autres)*

- Ses Risques Systémiques et Evaluation des Capacités *(institutions spécialisées)*

Nous allons maintenant vous accompagner dans l'extension des différentes composantes de l'ED4SP© de votre juridiction vers son SWOTPlus©, en cohérence avec son ED4SP©.

SWOTPlus© Narration for *(Jurisdiction's name)*

Figure 14.0 — SWOTPlus© pour (Nom de la juridiction) ______________________ *sur (indiquer le nombre d'années)* _______ (Il est recommandé de planifier sur une période de 5 ans)

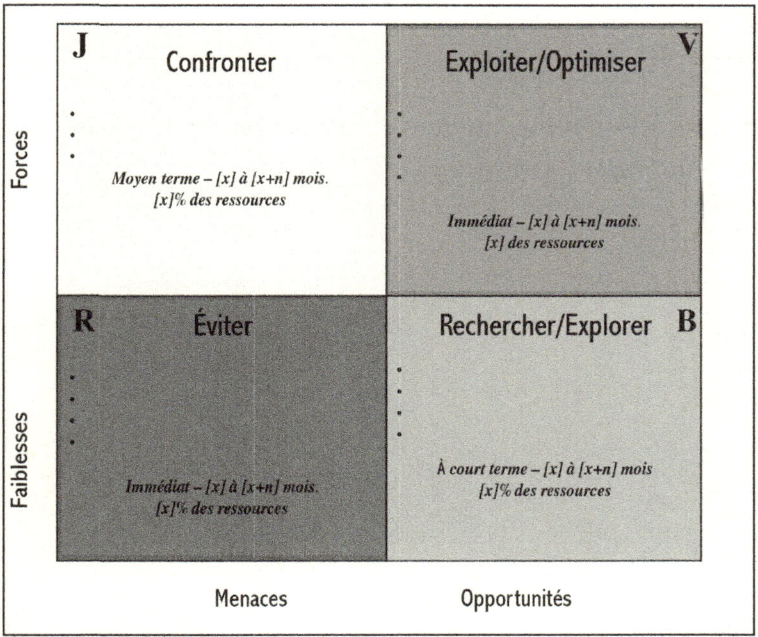

©Newman, L.S (2021)

Vous devrez vous référer à la *Figure 13.0* et à sa narration pour rédiger la vôtre. Les points 1 à 8 suivants s'appliquent à votre propre *Figure 14.0*:

1. ....
....
....
....

2. ....
....
....
....

3. ....
....
....
....

4. ....
....
....
....

5. ....
....
....
....

6. ....
....

....
....
7. ....
....
....
....

8. ....
....
....
....

Points clés à Retenir — Partie Quatre

La Partie Quatre, intitulée à juste titre «Juridiction», comprenait deux chapitres qui ont permis de revoir les concepts ED4SP© et SWOTPlus© à travers l'exemple fictif de la Juridiction Z, et d'approfondir la réflexion afin de faciliter l'élaboration de votre propre modèle juridictionnel, comme annoncé. Je vous remercie sincèrement pour le temps que vous avez consacré à ces échanges.

Nous arrivons maintenant à la Partie Cinq, la dernière section de *Tête-à-tête Avec les Leaders Africains*, intitulée «L'élan». Il s'agit, en substance, d'un appel à l'action qui s'adresse à l'individu, aux organisations et aux juridictions. Je vous invite chaleureusement à vous joindre à moi pour faire ensemble ce pas en avant. Avec un peu de chance et surtout beaucoup de détermination, le deuxième bloc de dix ans du plan de l'Agenda 2063 — «L'Afrique que nous voulons» — nous trouvera prêts à occuper la place que nous aurons consciemment construite, que ce soit en tant qu'individu, organisation ou juridiction.

Partie Cinq
L'élan

«En résumé, les leaders qui disposent d'un moteur et d'une base de pouvoir mobilisent les motivations de leurs suiveurs afin de réaliser les objectifs des leaders comme des suiveurs.» – **James MacGregor Burns.**

Le concept de leadership transformationnel a été introduit à l'origine par l'expert en leadership et biographe présidentiel James MacGregor Burns. Selon Burns, le leadership transformationnel se manifeste lorsque *«les leaders et les suiveurs s'élèvent mutuellement vers un niveau supérieur de moralité et de motivation»*. Grâce à la force de leur vision et de leur personnalité, les leaders transformationnels sont capables d'inspirer leurs suiveurs à changer leurs attentes, leurs perceptions et leurs motivations pour œuvrer à des objectifs communs. Plus tard, le chercheur Bernard M. Bass a développé les idées originales de Burns pour élaborer ce que l'on appelle aujourd'hui la théorie du leadership transformationnel de Bass. Selon Bass, le leadership transformationnel peut être défini en fonction de son impact sur les suiveurs. Les leaders transformationnels, selon lui, suscitent la confiance, le respect et l'admiration de leurs suiveurs. En d'autres termes, les leaders transformationnels sont charismatiques: ils transforment les rêves en réalité. Dans le chapitre un, nous avons examiné l'Afrique en tant que continent. À partir de cette analyse, nous pouvons déduire qu'elle est sur une trajectoire bien définie: le chemin est tracé, l'aspiration collective résonne, et des îlots de progrès émergent.

Cependant, la vitesse pourrait être meilleure si l'alignement était plus fort. L'Afrique présente de nombreuses opportunités en surface: elle est le continent le plus jeune, abrite 10 des 20 économies connaissant la croissance la plus rapide au monde et bénéficie d'abondantes ressources naturelles. La pauvreté, l'insécurité, les défis liés au changement climatique, certaines pratiques de gouvernance sous-optimales et d'autres difficultés peuvent être transformés en opportunités — ou devenir des bombes socio-économiques si elles sont laissées sans traitement. L'Union africaine offre une plateforme unificatrice pour construire une vision commune, créer du consensus et mobiliser du soutien, malgré ses propres défis institutionnels. D'où la nécessité de renforcer cette plateforme en contribuant individuellement, de manière structurée et équilibrée, en tant qu'individus, organisations et juridictions. *Tête-à-tête Avec Les Leaders Africains* aspire, à travers cette publication, à apporter une petite contribution dans cette direction. Dans l'introduction, j'ai donné un aperçu de la manière dont notre discussion allait se dérouler et de ses objectifs. Il est maintenant temps de prendre de l'élan sur tout ce que nous avons couvert dans les neuf chapitres précédents pour atteindre les objectifs fixés.

Le dictionnaire Merriam-Webster définit le mot «momentum» (élan) comme *«une propriété d'un corps en mouvement que le corps possède en vertu de sa masse et de sa vitesse, et qui est égale au produit de la masse et de la vitesse du corps, au sens large»*. Je suis une fervente défentrice de l'idée que l'Afrique et les Africains doivent unir leurs forces dans l'esprit de l'Ubuntu pour faire en sorte que le développement du continent reste sur une trajectoire positive et progressive, et, espérons-le, à un rythme égal ou supérieur à celui du reste du monde. C'est particulièrement important compte tenu du paradoxe évident: l'Afrique est richement dotée par la nature mais demeure, en comparaison, le continent le plus pauvre, avec une population jeune en plein essor. Je pense personnellement que notre taux de croissance combiné doit être au moins deux fois supérieur au taux de croissance mondial projeté, à tout moment.

Comme je l'ai déjà mentionné, au cours des deux dernières décennies de ma carrière, de nombreux leaders m'ont posé des questions telles que:

[a] Comment présenter tous les aspects de mon organisation de manière condensée et simplifiée pour montrer un équilibre?

[b] Comment présenter tous les aspects de mon organisation de manière condensée et simplifiée pour montrer un équilibre?

[c] Je ne resterai pas éternellement dans ma fonction, alors comment puis-je apporter une contribution significative avec des effets systémiques?

Avec ED4SP© et SWOTPlus©, *Tête-à-tête Avec Les Leaders Africains* a été une discussion entre l'auteure et trois sphères principales de leadership ayant un potentiel d'impact en

Afrique. Dans cette perspective, nous avons abordé ED4SP© et SWOTPlus© comme applicables à:

[a] Des leaders individuels qui souhaitent appliquer ces concepts à leur propre parcours.

[b] Des leaders d'organisations ayant des responsabilités primaires, secondaires ou tertiaires, incluant les entreprises, institutions, ministères, départements et agences gouvernementales .

[c] Des leaders exerçant des responsabilités au niveau des juridictions ou des clusters juridictionnels.

Nous allons à présent conclure en énumérant les étapes essentielles pour créer l'élan nécessaire à notre futur collectif commun dans *L'Afrique que nous voulons.*

Guide Général:

- Tous les éléments dans les quadrants R et B de votre SWOTPlus© doivent être examinés et des plans d'action provisoires doivent être établis pour les traiter en priorité.

- Ensuite, tous les éléments du quadrant V doivent être considérés comme des fruits faciles à cueillir.

En termes de progression, à mesure que les éléments de la zone R sont mis en œuvre avec succès, que les éléments de la zone B sont lancés et que ceux de la zone V sont exploités, on observe généralement que les enjeux situés dans la zone J ont tendance à migrer vers la zone V et deviennent les nouveaux fruits faciles à cueillir lors de la phase de planification suivante.

En ce qui concerne ED4SP©, les huit composantes doivent être soigneusement et complètement définies, avec tous les détails nécessaires pour chacune, afin d'assurer que le ED4SP© soit équilibré avant de lancer des initiatives dans le quadrant V de votre SWOTPlus©, que ce soit en tant qu'individu, organisation ou juridiction.

Individus: Premièrement, définissez les huit composantes de ED4SP©, puis identifiez les ressources disponibles et sous votre contrôle. Ensuite, décidez s'il s'agit d'un projet individuel ou collaboratif, ainsi que du lieu et du secteur concernés. Commencez petit : vous pourrez toujours étendre ensuite. Et surtout, réseautez, réseautez, réseautez. Quand vous vous sentirez prêt, partagez votre projet avec votre réseau: votre initiative pourrait bien répondre aux aspirations de quelqu'un. Enfin, même si les dirigeants Africains engagent désormais davantage la diaspora, cette relation reste déséquilibrée, car beaucoup de pays Africains ne disposent pas encore de l'infrastructure nécessaire pour le vote de la diaspora. Il est donc crucial que les réseaux de la diaspora africaine fassent pression auprès de l'Union Africaine en amont des dix prochaines années de l'Agenda 2063, afin d'intégrer une infrastructure continentale qui permette la participation de la diaspora aux élections nationales. Cette inclusion est essentielle, compte tenu du rôle stratégique attendu de la diaspora Africaine dans la transformation du continent.

Organisations: Premièrement, confirmez le temps dont vous disposez au sein de votre organisation. Il est important de savoir combien de temps il vous reste pour planifier la succession de votre initiative en interne et l'intégrer à votre présentation. Commencez par un projet pilote, puis développez-le. Faites-le remonter jusqu'au conseil d'administration pour validation. Gérez les attentes et planifiez les ressources. Ensuite, tenez compte des réglementations applicables et collaborez avec des organisations partageant les mêmes objectifs. Pensez à l'échelle. Compte tenu de l'impact potentiel de la ZLECAf, les pays africains devraient être encouragés à créer des codes nationaux de gouvernance pour les secteurs privé, public et social (ou à but non lucratif), adaptés aux petites, moyennes et grandes entreprises. Des pratiques de gouvernance efficaces et un environnement macro économique stable attirent généralement les capitaux à moyen et long terme nécessaires aux investissements à fort impact.

Juridictions: Premièrement, pensez données. Quelle est la validité et la fraîcheur des données du recensement national et des informations socio-économiques? Planifiersans données vérifiables est vain. Ensuite, quand a eu lieu la dernière révision constitutionnelle? Y a-t-il eu des ajustements constitutionnels ou économiques depuis le lancement de l'Agenda 2063? Si non, il est probable que les arrangements économiques et les institutions en place ne soient pas adaptés pour soutenir des initiatives continentales comme la ZLECAf ou l'Agenda 2063.

La grande question est donc: l'Union africaine pourrait-elle établir un calendrier pour que ses États membres mettent à jour leurs bases de données démographiques, leurs structures économiques et leurs constitutions afin de les aligner sur ces grands projets continentaux? Voyager en Afrique peut être un véritable cauchemar à cause d'une connectivité sous-optimale: routes mal reliées, trains peu sûrs, liaisons aériennes limitées. Un vol Lagos–Windhoek, Lagos–Conakry ou Lagos–Banjul peut durer autant d'heures qu'un Lagos–États-Unis ou Lagos–Canada. Cela ne devrait pas être le cas à l'ère de la ZLECAf.

Autre grande question: combien d'Africains savent que l'Union africaine a un drapeau et un hymne officiels? Combien de pays africains hissent leur drapeau national aux côtés de celui de l'Union africaine et jouent simultanément les deux hymnes? À ma grande surprise, de nombreux dirigeants — en particulier dans le secteur privé Africain — ignorent même l'existence de ce drapeau et de cet hymne!

Points clés à Retenir — Partie Cinq

La cinquième partie, intitulée *«L'élan»*, est concise mais aborde des enjeux susceptibles d'entraver la réalisation des aspirations de l'Agenda 2063 si elles ne sont pas intégrées dans le deuxième plan décennal. Mon espoir est que ces questions déclenchent une réflexion de haut niveau en amont de la prochaine phase de planification de l'Agenda 2063. Les cinq grands enjeux sont:

[a] Le vote de la diaspora dans les élections nationales.

[b] La création de codes nationaux de gouvernance couvrant les secteurs privé, public et social ou à but non lucratif, adaptés aux petites, moyennes et grandes entreprises, et adoptés par tous les États membres de l'UA.

[c] La mise à jour des constitutions et la réorganisation économique pour aligner les pays membres sur les ambitions de la ZLECAf et de l'Agenda 2063.

[d] Relier l'Afrique à l'Afrique — améliorer d'urgence les connexions entre les grands pôles économiques et commerciaux africains par la route, le rail, les airs et les voies navigables afin de faciliter la circulation des personnes, des biens et des services, essentielle à une ZLECAf dynamique.

[e] La donnée est le nouvel or — l'Afrique a besoin de données démographiques valides et vérifiables pour planifier et mesurer les effets de l'Agenda 2063 et des

autres initiatives. L'Union africaine devrait exiger de ses membres la réalisation d'un recensement national valide au moins tous les dix ans.

Si ces éléments sont intégrés dans la prochaine phase décennale de l'Agenda 2063, et que les individus, organisations et juridictions utilisent ED4SP© et SWOTPlus© comme outils de conception et de priorisation stratégique, les objectifs de *Tête-à-tête Avec Les Leaders Africains: Concevoir Et Hiérarchiser Les Structures Pour Des Résultats Systémiques* seront atteints.

Sur ce, merci pour le temps que vous avez consacré à cette discussion. Ce fut un véritable honneur d'avoir eu le privilège de votre attention. J'espère que cette réflexion vous a été utile. Je vous souhaite, à vous et à vos équipes, plein succès dans la mise en pratique de ces enseignements, et j'espère que nous aurons de nouvelles occasions de contribuer ensemble à la réalisation de l'Agenda 2063: *L'Afrique que nous voulons.*

Bibliographie

Addison, M. R. (2004, July). Performance Architecture: A Performance Improvement Model. *Performance Improvement.* International Society of Performance Improvement: Silver Spring, 43(6), p. 14. Alijfri, Collins & Pones (2003).

Bass, B. (1997). Does The Transactional-Transformational Leadership Paradigm Transcend Oganizational and National Boundaries? *American Psychologist* 52 (2) 130-139.

Burns, J. M. (2003). Transforming Leadership: A New Pursuit of Happiness. NY: Atlantic Monthly Press.

Bass, B.M. & Stogdill, R. M. (1990). Handbook of Leadership: Theory, Research & Managerial Applications. New York: The Free Press.

Bertalanffy, L. V. (1972, December). The History and Status of General Systems Theory. Academy of Management Journal, 407-426.

Diamonds, P.H., & Kotler, S. (2012). *Abundance: The Future Is Better Than You Think.* New York: Free Press.

Gallo, C (2016). *The Storyteller's Secret: How TED Speakers and Inspirational Leaders Turn Their Passion Into Performance.* London. St. Martin's Press. Macmillan.

Gupta, A. K., & Govindarajan, V. (2004). *Global Strategy and Organization*. New York: John Wiley & Sons.

Hayatu-Deen, M. (2002, December). *Nigeria: A challenge of building Africa's Leading Economy.* Paper presented at the annual lecture of Ahmadu Bello Allumni Association, Lagos zone. Lagos. Nigeria.

Kajunju, A. (November, 2013). Africa's Secret Weapon: The Diaspora. Special to CNN. Retrieved June 24, 2022 from https://edition.cnn.com/2013/11/01/opinion/africas-secret-weapon-diaspora/index.html

Kaufman, R. (2006). Mega Planning and Thinking: Defining and Achieving Measurable Success. In Pershing, J. A. (2006). *Handbook of Human Performance Technology. (3rd Edition).* (pp. 139 – 154). *International Society for Performance Improvement*. San Francisco, USA. Pfeiffer.

Lacy, P., Long, J., & Spindler, W. (2020). The Circular Economy Handbook: Realizing The Circular Advantage. United Kingdom: Palgrave Macmillan.

Newman, L. S. (2021). Africa's Current Status: The Required Alignment. A paper presented at the Virtual Second Symposium on Economics of Ignorance, a program of Hale Associates Center https://halecenter.org/event-4450625

Newman, L. S. (2020). *Storytelling: An African Leadership Journey of Performance Improvement Innovation*. In Van Tiem,

D. M., & Burns, N. C. (Eds.), Cases on Performance Improvement Innovation (pp. 126-155). IGI Global. http://doi:10.4018/978-1-7998-3673-5.ch008

Newman, L.S (2020). *Corporate Governance and Performance Imperatives for Directors in Africa: SDGs, AfCFTA and Agenda 2063.* The Director, a Magazine of the Institute of Directors Nigeria. Issue No. 24; Pages 64-71.

Newman, L.S (2019). *Leveraging Corporate Governance for Economic Development: Imperatives for Governments and Regulators in Sub Saharan Africa.* The Director, a Magazine of the Institute of Directors Nigeria. Issue No. 22, Pages: 37-48.

Newman, L. S (2011). *Transformational Leadership; A Leadership approach for changing Times.* A paper published in the FITC Journal of Banking and Finance, Vol. 2 No, 2011; pp 03-17.

Newman, L.S (2009). *The CEO's Triple Dilemma of Compensation, Employee, and Corporate Performance,* being a one-chapter manuscript along with 9 other authors in the book, "The Refractive Thinker: An Anthology of Higher Learning" published by the Lentz Leadership Institute of Las Vegas, Nevada, USA. ISBN 978-9823036-0-3. Spring 2009.

Newman, L. S (August, 2007). *Emerging HR Landmines: Critical Concerns for CEOs.* Being an article published the Business Day Daily Newspaper, Thursday August 30, 2007.

Newman, L.S (February, 2007). *The CEOs Dual Dilemma: Governance & Sustainability In An Increasingly Dynamic Global Business Environment.* Being an article published on the Business Day Daily Newspaper of Monday February 19, 2007.

McKeown, G. (2014). Essentialism: The Disciplined Pursuit of Less. New York: Crown Business.

Nossel, M. (2018). Powered by Storytelling: Excavate, Craft and Present Stories to Transform Business Communication. New York, USA. McGraw-Hill Books.

Rosenberg, M. (January, 2020). 5 Sectors of The Economy. Retrieved July 19, 2022 from https://www.thoughtco.com/sectors-of-the-economy-1435795

Scott, W. R. (2003). *Organizations: Rational, Natural, and Open Systems* (5th ed.). Upper Saddle River, NJ: Prentice Hall.

United Nations. (2020). Sustainable Development Goals. Retrieved March 27, 2020 from https://sustainable development.un.org/?menu=1300

Wren, D. A. (1994). *The Evolution of Management Thought* (4th Ed.). New York: John Wiley & Sons.

NOTES

Made in the USA
Las Vegas, NV
30 September 2026

55324346R00100